孟子

廣解四書之二

（附：大學 中庸）

朱熹 集著

儒家和別家爭持不決的問題。
孟子傳述孔子之道，
自是最有權威的主張，
孟子關於修養的方法，
比論語一書發揮得更透徹、更明白，
他能隨事點化，妙趣橫生。

華夏出版公司本著「弘揚傳統文化，好書永世流傳」的理念，因舊版圖書年代久遠，囿於時空因素，在尚未能聯繫到原著作人並取得同意下，重新出版了這本著作，如有侵權，敬請著作權人或其親友和華夏出版公司聯繫，謝謝您。

孟子提要

孟子一書。有人說是孟子自己著的。有人說是他的弟子記的。總之是一部極有價值的書。發揮儒家思想行事最爲確當詳盡。就是研究中國文學。也是一部重要的寶典。與論語有異曲同工之妙。論語簡鍊意多含蓄。孟子宏暢詞極鋒利。初學者自以先讀孟子爲是。

孟子現在只存七篇。向來是列在諸子略的。自宋朝朱熹把他收在四子書以後。就一躍而入於經部了。第一梁惠王篇。第二公孫丑篇。第三滕文公篇。第四離婁篇。第五萬章篇。第六告子篇。第七盡心篇。這些篇名。也只就開首和孟子談論的幾個人或一件事作爲標識而已。至於他的內容。照本書所分。就可得其大概。

（甲）心性的研討　心和性。是歷來儒家和儒家。儒家和別家爭持不決的問題。孟子傳述孔子之道。自是最有權威的主張。而且也是教育上的大問題。人人都應加以研究。

（乙）修養的方法　孟子關於修養的方法。比論語一書發揮得更透徹。更明白。他能隨事點化。妙趣橫生。

（丙）處世的態度　孟子所處是異說橫興。暴君日作的時代。處境是極難的。而孟子卻能從容講說其間。惟求義理之所當。確是我們做人的模範。

（丁）政治的主張　孟子很想找到一個實現他的理想主張的機會。所以對於時君無不婉曲引導。富而後教。發揮得尤其透徹。

其他尚有人事的批評等。也很鞭辟入裏。而爲我們所必須知道的。

他和論語是儒家兩部寶典。風調不同。是因孟子的時代與孔子的時代而異。而兩人的個性。也確有殊異的地方。但其體裁卻和論語是一致的。中國民族幾千年來。始終蓄養在儒家的思想中。這就是民族生命的根源。我們有保存他的責任。也有發揚他的責任。

孟子一書。向來也以朱熹的集註為最精粹。現在仍以朱注為本。更用白話為之解釋。疑難字句。剖析無遺。總以人人能讀為標準。至於體例的謹嚴。不拘守漢宋門戶之見。而惟以保存儒家思想的真面目為標準。更合於現代科學的精神。

現在將本書更簡括的舉出三個特點來。

（一）大儒、熹的集註　最稱精粹。現在把他列在書眉。參照讀之。極有進益。

（二）白話廣解　已是第三次的訂正了。明白曉暢。稍通文字。即能誦讀。

（三）問題　篇末附有問題若干則。就此加以研究。最能得益。

孟子

目次

第一　梁惠王篇　二十三章錄十四章……一
第二　公孫丑篇　二十三章錄九章……四一
第三　滕文公篇　十五章錄六章……六六
第四　離婁篇　六十一章錄十七章……八八
第五　萬章篇　十八章錄二章……一一〇
第六　告子篇　三十六章錄十五章……一一五
第七　盡心篇　八十四章錄二十一章……一三八

孟　子

梁惠王篇

〔一〕　仁義而已　此章以仁義格去君之利心，斥利言仁義，，是孟子一生學問。

孟子見梁惠王。王曰：「叟！不遠千里而來，亦將有以利吾國乎？」

梁惠王即魏侯罃周顯王三十五年，和齊威王會於徐州後三十七年，自稱爲王。本都安邑，後還於大梁，於以稱魏惠王，又稱梁惠王。按史記惠王三十五年大招賢士，故孟子到梁。「叟」老人之稱。當時秦國用商鞅國富兵強，魏國受其壓迫而還都，故梁惠王一見孟子便問以「利」。所謂「利」者，乃指富國彊兵之術，如商鞅之相秦也。

孟子對曰：「王何必曰利？亦有仁義而已矣！王曰何以利吾國，大夫曰何以利吾家，士庶人曰何以利吾

梁惠王・魏侯罃也・都大梁・僭稱王・諡曰惠・史記惠王三十五年・禮厚幣以招賢者・而孟軻至梁・

叟・長老之稱・王所謂利・蓋富國強兵之類・

仁者・心之德・愛之理・義

者・心之制・事之宜也・此二句・乃一章之大指・下文乃詳言之・後多放此・乘・去聲・饜・於豔反・此言求利之害・以明上文何必曰利之意也・征・取也・上取乎下・下取乎上・故取日交征・國危・謂將有弒奪之禍・乘・車數也・萬乘之國者・天子畿內・地方千里・出車萬乘・千乘之家者・天子之公卿・采地方百里・出車千乘也・千乘之國・諸侯之國・百乘之家・諸侯之大夫也・弒・下殺上也・饜

身：上下交征利，而國危矣！萬乘之國，弒*其君者必千乘之家。千乘之國，*弒其君者，必百乘之家。萬取千焉，千取百焉，不爲不多矣！苟爲後義而先利，不奪不饜*。

弒，音試。饜，音厭。梁惠王所說之利，就是富國強兵，以侵略征伐爲榮，而孟子却主張王道，王道所重的是『仁義』；仁義是以『仁愛』和『正義』；就是以德治天下，與當時之以霸力服人者，旨趣絕對不同。所以孟子對梁惠王第一句便說：『何必曰利，』針對着當時諸侯的缺點來說。這是孔孟政治學說的基本，也是全部孟子的中心。

征，取也，上下交取，謂之『交征。』交征的原因，由於國人都重於一已之利，『仁，』是愛人，愛人便不利，征義是正誼，正誼便不亂取，所以尊利而國亂，重仁義而國治。三代時，天子稱王，天子之國，有兵車萬乘，諸侯或稱伯稱子稱男稱公稱侯，有兵車千乘。到孟子時，各國諸侯，都已自己僭稱爲王，都有兵車萬乘，所以有萬乘千乘之說。饜就是滿足。『萬取千焉，千取百焉，不爲不多矣，』是說帝王擁有萬乘，而諸侯有他底十分之一，諸侯擁有千乘，而貴族有他底十分之一；十分之一的數目，在理已經是不少了。然而終是以『利』爲前提，那末非爭奪不能滿足。這是專務爭權奪利的害處，其結果，必使國家走上危亡的道路。故曰：『上下交征利，而國危矣！』只有仁義則不然，講仁義的人，接着大聲道：

・足也・言臣之於君・每十分而取其一分・亦已多矣・若又以義爲後・而以利爲先・則不弒其君而盡奪之・其心未肯以爲足也・

此言仁義未嘗不利・以明上文亦有仁義而已之意也・遺・猶棄也・後・不急也・言仁者必愛其親・義者必急其君・故人君躬行仁義而無求利之心則其下化・自親戴於己也・

未有仁而遺其親者也！未有義而後其君者也！王亦曰「仁義」而已矣，何必曰利？」

中庸言『仁者人也，親親爲大。』孝親是仁的根本。不能愛其父母，焉能愛別人？君臣的關係是義，義者不後其君，所以便無篡奪之事。這是孟子拿『仁義』和『利』來比較的話。末二句是他的結論。

〔二〕 王道之始 此章見人君當盡心於王道。

寡人・諸侯自稱・言寡德之人也・河內河東・皆魏地・凶・歲不熟也・移民以就食・移粟以給其老稚之不能移者・

梁惠王曰：「寡人之於國也，盡心焉耳矣！河內凶，則移其民於河東，移其粟於河內；河東凶，亦然。察鄰國之政，無如寡人之用心者。鄰國之民不加少，寡人之民不加多，何也？」

古之君主，自己謙稱『孤』與『寡人』。『焉耳』，何休說是『於是』的意思，河內河東都是梁國的地方凶，指水災旱災等禍患。梁王的意思，他已盡心想利百姓，使百姓安謐了，而隣國卻沒有這種仁政，何以隣國的百姓不移居到梁國來呢？

孟子對曰：『王好戰，請以戰喻：塡然鼓之，兵刃既接，棄甲曳兵而走，或百步而後止，或五十步而後止。以五十步笑百步，則何如？』曰：『不可！直不百步耳，是亦走也。』

『好』去聲。喻，比喻。孟子知梁惠王最喜戰爭，就把戰事來做比喻。塡，鼓聲。古代戰爭的時候，擊鼓而兵進，擊金而兵退。『兵刃既接』是說戰爭已開始。曳，拖也。兵，兵器也。『棄甲曳兵』是敗退的意思。『以五十步笑百步』意思是說逃了五十步的人在取笑逃一百步的人，說他們膽怯或無用。『曰不可』是梁王的答話。王引之經傳釋詞：『直猶特也，但也。』『直不百步』者，乃是說既然都是逃走，其兩者間之差很小，有什麼可以取笑別人？

曰：『王如知此，則無望民之多於鄰國也。』

此段又是孟子的話。趙岐解釋道：『孟子曰：「王如知此，不足以相笑。王之政，猶此也。王雖有移民轉粟之善政，其好戰殘民，與鄰國同，而獨望民之多，何異於五十步笑百步者乎？」』意思是說梁王

好，去聲。塡，音田。塡，鼓音也。兵以鼓進，以金退。直，猶但也。言此以譬鄰國不卹其民，惠王能行小惠，然皆不能行王道以養其民，不可以此而笑彼也。楊氏曰：移民移粟，荒政之所不廢也。然不能行先王之道，而徒以是爲盡心焉，則末矣。

雖然關懷百姓，好行小惠，但比之鄰國好得不多，猶戰陳時逃卒五十步與百步之差。既然相去無幾，百姓如何能加多？

不違農時，穀不可勝食也。數罟不入洿池，魚鼈不可勝食也。斧斤以時入山林，材木不可勝用也。穀與魚鼈不可勝食，材木不可勝用，是使民養生喪死無憾也。養生喪死無憾，王道之始也。

勝・音升・數・音促・罟・音古・洿・音烏・農時・謂春耕夏耘秋收之時・凡有興作・不違此時・至冬乃役之也・不可勝食・言多也・數・密也・罟・網也・洿・窊下之地・水所聚也・古者網罟必用四寸之目・魚不滿尺・市不得粥・人不得食・山林川澤・與民共之・而有厲禁・草木零落・然後斧斤入焉・此皆爲治之初・法制未備・且因天地自然之利・而撙節愛養之事也・

此段即根據上文，再告王要使百姓加多，須先施以王道仁政；而王道仁政，以民生爲本。『農時』指民衆耘耕之時序，春耕夏耘，秋收冬藏，即所謂農時也。使百姓征伐，不得耕耘，便失其農時了。『勝』音升。不可『勝食』，是吃不勝吃的意思。數，音促，細也；罟，網也；數罟，是密網。洿，音汙。洿池，是深池。不用密網，到深池裏去捕魚鼈，使小的都得長大。高誘說：『古者魚不尺不升於俎，這樣可以使魚不致絕種。』孟子所說，亦是此意。『斧斤以時入山林』者，山裏的草木，要在適當的時節去砍伐也。秋冬時草木已黃落，或已枯槁，然後揀取不會再長的樹木，用斧砍下，如此便保存了將來尚須生長的許多樹木。憾，恨也。『養生』，是爲生者謀生。『喪死』，是爲死者治喪。養生喪死，統人民之生計既裕，則養生，喪死，一切可以無憾了。這是以民生爲國力基礎的說法，便是仁政，故曰『王道之始也。』實是推行王道的初步辦法。故曰：『王道之始。』

然飲食宮室，所以養生，祭祀棺椁，所以送死，皆民所急而不可無者，今皆有以資之，則人無所恨矣，王道以得民心爲本，故以此爲王道之始。

衣，去聲，畜，勅六反，數，去聲，王，去聲。凡有天下者，人稱之曰王，則平聲，據其身臨天下而言曰王，則去聲，後皆倣此。五畝之宅，一夫所受，二畝半在田，二畝半在邑，田中不得有木，恐妨五穀，故於牆下植桑，以供蠶事，五十始衰，非帛不煖，未五十者不得衣也，畜，養也，時，謂孕字之時，如孟春犧牲毋用牝之類也，七十非肉不飽，未七十者不得食也，百畝之

五畝之宅，樹之以桑，五十者，可以衣帛矣！雞豚狗彘之畜，無失其時，七十者，可以食肉矣！百畝之田，勿奪其時，數口之家，可以無饑矣！謹庠序之教，申之以孝悌之義，頒白者，不負戴於道路矣！七十者，衣帛食肉，黎民不饑不寒，然而不王者，未之有也！

此節是說推行王道的具體辦法。『五畝之宅，』據趙岐所說，是一夫所受，二畝半在田，二畝半在邑，田中不得有木，恐妨五穀，故於牆下植桑，以供蠶事。古代庶人的衣料是布，周禮上說：『庶民不蠶者不帛。』所以有許多人到老不能穿帛。孟子說五十衣帛，是養老之意。豚，彘是小豬。雞豚狗彘，統言農家所豢養的牲畜。畜，養也。『時，』是說動物孵化和生育的時候。這意思和『數罟不入洿池』一樣，是使生物自然滋長的方法。人到七十歲，非肉不能滋補。家中既常養着雞豚狗彘，肉類就不會短缺，故曰：『七十者，可以食肉矣！』『百畝之田，』是古時一夫婦，常規定種田百畝。『勿奪其時，』就是上段所說不違農時。如是百姓有得吃，有得穿了。但是，訓練人民不單是使他們衣食足而已，還得敎化他們，所以下文又說，『謹庠序之教，申之以孝悌之義。』庠序，趙岐說：『殷曰序，周曰庠。』是古

代學校之名稱。謹者，嚴飭的意思。申，翻覆說明也。『弟』今作『悌』。孝父母曰孝，愛兄弟曰悌。孝悌是仁義的出發點。頒白，就是頭髮半白的老人。『負戴於道路』是說把重大東西，用肩挑着或用頭頂着，在道路上走。這是說舉辦了學校，教百姓都曉得『孝』『悌』。做子弟的，都能替父兄去做事。因此頒白者，便不負戴於道路上了。到了這時候，七十的老人，能夠衣帛食肉，少壯的黎民，也不憂飢寒，就是教化大行，王道成功的時候。

田・亦一夫所受・至此則經界正・井地均・無不受田之家矣・庠序・皆學名也・申・重也・丁寧反覆之意・善事父毋爲孝・善事兄長爲悌・頒與斑同・老人・頭半白黑者也・負任在背・戴任在首・夫民衣食不足・則不暇治禮義・而飽煖無教・則又近於禽獸・故旣富而敎以孝悌・則人知愛親敬長・代其勞・不使之負戴於道路矣・衣帛食肉・但言七十・舉重以見輕也・黎・黑也・黎民・黑髮之人・猶秦言黔首也・少壯之人・雖不得衣帛食肉・然亦不至於飢寒也・此言盡法制品節之詳・極裁成輔相之道・以左右民・是王道之成也・

狗彘食人食而不知檢*，塗有餓莩*而不知發。人死，則曰，「非我也，歲也。」是何異於刺人而殺之，曰，「非我也，兵也。」王無罪歲，斯天下之民至焉。』

莩・平表反・刺・七亦反・檢・制也・莩・餓死人也・發・發倉廩以賑貸也・歲・謂歲之豐凶也・惠王不能制民之産・又使狗彘得以食人之食・則與先王制度品節之意異矣・至於民飢而死・猶不知發・則其所移・特民間之粟而已・乃以

此段孟子再接着說當時的情形，和王道相反。檢，就是把事體檢點。塗同途。『莩』同『殍』，音瓢。餓莩，是餓死的人。孟子就梁國當時的情形說道：王所養的猪狗，常給他吃人的食料。道路上卻有餓死的人。王不知檢點這種現狀，又不肯發倉庫的米穀救濟百姓。百姓餓死了，王卻說：這不是我餓死他，是因年歲災荒而餓死的。這更何異於拿了兵器，把人刺死，卻說：不是我殺死他，是兵器殺死他的。

——你不要諉罪於歲，則天下之民都來歸了。

民不加多・歸罪於歲凶・是知刃之殺人・而不知操刃者之殺人也・不罪歲・則必能自反而益修其政・天下之民至焉・則不但多於鄰國而已・
程子曰孟子之論王道・不過如此・可謂實矣・又曰・孔子之時・周室雖微・天下猶知尊周之爲義・故春秋以尊周爲本・至孟子時七國爭雄・天下不復知有周・而生民之塗炭已極・當是時・諸侯能行王道・則可以王矣・此孟子所以勸齊梁之君也・蓋王者・天下之義主也・聖賢亦何心哉・視天命之改與未改耳・

〔三〕 率獸食人

此章教梁惠王亟革虐政。

梁惠王曰：「寡人願安承教。」孟子對曰：「殺人以梃與刃，有以異乎？」曰：「無以異也。」「以刃與政，有以異乎？」曰：「無以異也。」

『承教，』承受教訓。安，一說是安心的意思，一說是語助辭，無義。梃，木棍也。刃，刀也。孟子因梁惠王願聽教訓，故意用比喻來說『以梃與刃』『以刃與政』一層進一層來問。『曰「無以異也」』都是梁惠王同答的話。

曰：「庖有肥肉，廐有肥馬，民有飢色，野有餓莩，此率獸而食人也。獸相食，且人惡之。爲民父母行政，不免

承上章・言願安意以受教・梃・徒頂反・梃・杖也・孟子又問而王答也・

厚斂於民以養禽獸・而使民飢以死・則無異於驅獸以食人矣・

惡之之惡・去聲・惡在之惡・平聲・

君者・民之父母也・惡在・猶言何在也・

於率獸而食人，惡在其爲民父母也？

此孟子又進一層說也。庖，是廚房。廐，是馬房。『率獸食人』是間接的說法。『惡之』之『惡』去聲。『惡在』之『惡』平聲，何也。言獸相搏食人尙且見而厭惡之。今爲民之父母行政，而不免於率獸以食人，則其所以爲民父母者何在乎？

俑・音勇・爲・去聲・俑。從葬木偶人也・古之葬者・束草爲人〻以爲從衛・謂之芻靈・略似人形而已・中古易之以俑・則有面目機發・而太似人矣・故孔子惡其不仁・而言其必無後也・孟子言始作俑者・但用象人以葬・孔子猶惡之・況實使民飢而死乎・李氏曰・爲人君者・固未嘗有率獸食人之心・然徇一己之欲而不卹其民・則其流必至於此・故以爲民父母告之・夫父母之於子・爲之就利避害・未嘗頃刻而忘於懷・何至視之不如犬馬乎・

仲尼曰：「始作俑者，其無後乎！」爲其象人而用之也。如之何其使斯民飢而死也？」

仲尼，孔子之字。此節孟子又引孔子之言，以告惠王也。『俑』音勇，木雕的偶像。古時人死埋葬，常用草人，算是死者的隨從。後來改用木偶，口眼耳鼻，很像真人。其後，許多君主，又以真人來殉葬。所以孔子說：『始作俑者，其無後乎！』意思是說發明『俑』的人太殘忍了，一定要絕子絕孫的。孟子引了孔子的話，又自已解釋道：用木偶殉葬，不過因牠像個人形，孔子尙以爲殘忍。現在如何竟使百姓弄到飢餓而死呢？

長・上聲・喪・去聲・比・必二反・洒與洗同・

〔四〕仁者無敵

此章教梁王以報怨之長策，救民，正所以報怨也

梁惠王曰：「晉國天下莫強焉，叟之所知也。及寡人

魏本晉大夫魏斯・與韓氏趙氏共分晉地・號曰三晉・故惠王猶自謂晉國・惠王三十年・齊擊魏・破其軍・虜太子申・十七年・秦取魏少梁・後魏又數獻地於秦・又與楚將昭陽戰敗・亡其七邑・比・猶爲也・言欲爲死者雪其恥也・

百里・小國也・然能行仁政・則天下之民歸之矣・省・所梗反・斂易・皆去聲・耨・奴豆反・長・上聲・省刑罰・薄稅

之身，東敗於齊，長子死焉；西喪地於秦七百里，南辱於楚；寡人恥之，願比死者一洒之，如之何則可？』

梁國又稱魏國。魏的祖先，本是晉國的大夫，後來和姓趙姓韓的兩個大夫，把晉國土地瓜分，自立爲王，故魏趙韓三國，又稱三晉。晉國未被瓜分時候，是很強的。春秋時晉文公，當國號稱五霸之一，及悼公之世，尚稱霸於中原。故曰：『晉國天下莫強焉！』『莫強』者，言當時各國，沒有強於晉國的也。梁國地方，在現在的河南。齊在山東，秦在陝西，楚在河北。周炳中說：『齊於桂陵之役，救趙敗魏，馬陵之役，救韓敗魏。』這就是『東敗於齊』。『長，』上聲。長子，太子申也。馬陵之役被虜。閻若璩說：『惠王九年己未，秦魏戰於少梁。』史記魏世家亦載，秦用商鞅，數破魏，魏乃割河西之地，遂遷都大梁；此卽『西喪地於秦七百里』也。『喪，』去聲，失也。南辱於楚，指魏圍趙邯鄲時，楚使景舍救趙，取魏睢濊之間。事見戰國策。朱注所云：『又與楚將昭陽戰敗，亡其七邑，』則在梁襄王十二年。『比』音必二反。朱注云：『比，猶爲也。』廣雅云：『比，代也。』洒，同洗，雪也。言如何始可以爲死者雪恥。

孟子對曰：『地方百里而可以王。王如施仁政於民，省刑罰，薄稅斂，深耕易耨；壯者以暇日，修其孝悌忠信，入以事其父兄，出以事其長上，可使制梃以撻秦斂．此二者．仁政之大目也．易．治也．耨．耘也．盡己之謂忠．以實之謂信．君行仁政．則民得盡力於農畝．而又有暇日以修禮義．是以尊君親上而樂於效死也．養．去聲．彼．謂敵國也．夫．音扶．陷．陷阱．溺．溺於水．暴虐之意．征．正也．以彼暴虐其民．而率吾尊君親上之民．往正其罪．彼民方怨其上．而樂歸於我．則誰與我爲敵哉．仁者無敵．蓋古語也．百里可王．以此而已．恐王疑其迂闊．故勉使勿疑也．孔氏曰．惠王之志．在於報怨．孟子之論．在於救民．所謂惟天吏則可以伐之．蓋孟子之本意．

楚之堅甲利兵矣！

本書公孫丑篇謂『文王以百里』王天下。『王』王天下也，是統一天下的意思。『方百里』是東西百里，南北亦百里。省，減也。易，去聲，治也。耨，音奴豆反，耘苗也。減輕刑罰；薄徵賦稅；教民農事，耕土須深，耘苗須淨。更擇人民之壯者，以暇日修其孝悌忠信，入以事其父兄，出以事其長上。梃是木棍。撻，用力打也。『可使制梃以撻秦楚之堅甲利兵者』意思說能行仁政，就是軍事器械不及他國也能打勝仗的。

彼奪其民時，使不得耕耨以養其父母；父母凍餓，兄弟妻子離散。彼陷溺其民，王往而征之，夫誰與王敵？故曰『仁者無敵。』王請勿疑！

上節說自己方面說，此節更就敵國方面說。陷是把人推在土坑裏；溺是推在水裏；這都是形容國君的虐待百姓。『夫』音扶，語助辭。『仁者無敵』是一句諺句，孟子引用之。

〔五〕 不嗜殺人 此章見人君欲一天下，在於仁。

襄王・惠王子・名赫・語・去聲・卒・七沒反・惡・平聲・語・告也・不似人君・不見所畏・言其無威儀也・卒然・急遽之貌・蓋容貌辭氣・乃德之符其外如此・則其中之所存者可知・王問列國分爭・天下當何所定・孟子對以必合于一然後定也・王問也・嗜・甘也・王復問也・與・猶歸也・・夫・音扶・浡・音勃・由・當作猶・古字借用・後多做此・周七八月・夏五六月也・油然・雲盛貌・

孟子見梁襄王，出語人曰：『望之不似人君，就之而不見所畏焉。卒然問曰：「天下惡乎定？」吾對曰：「定于一。」「孰能一之？」對曰：「不嗜殺人者能一之。」「孰能與之？」對曰：「天下莫不與也。王知夫苗乎？七八月之間旱，則苗槁矣。天油然作雲，沛然下雨，則苗浡然興之矣。其如是，孰能禦之？今夫天下之人牧，未有不嗜殺人者也。如有不嗜殺人者，則天下之民，皆引領而望之矣。誠如是也，民歸之，由水之就下，沛然誰能禦之？」』

梁襄王，是梁惠王的兒子，名赫。惠王死後，襄王卽位，孟子去見他。『語』，去聲。『出語人曰』以下，是孟子見過梁襄王，出來告訴他人的話。『望之不似人君就之而不見所畏焉』者意思是說梁襄沛然・雨盛貌・浡然・興起貌・禦・禁止也・人牧・謂牧民之君也・領・頸也・蓋好生惡死・人心所同・故人君不嗜殺人・則天下悅而歸之・

蘇氏曰・孟子之言・非苟爲大而已・然不深原其意・而詳究其實・未有不有以爲迂者矣・予觀孟子以來・自漢高祖・及光武・及唐太宗・及我太祖皇帝・能一天下者四君・皆以不嗜殺人致之・其餘殺人愈多・而天下愈亂・秦晉及隋・力能合之・而好殺不已・故或合而復分・或遂以亡國・孟子之言・豈偶然而已哉・

王，遠望去竟沒有人君的威儀，到他面前，更一些沒有使人畏敬的地方。『卒』同猝。卒然，同忽然。襄王見了孟子，突然發問『天下惡乎定』惡平聲，何也，言『天下於何定』也。『一』者，就是統一。這時候大國有七，彼此用武力相爭，必須并合爲一國，然後戰爭會平定也。『孰能一之』是梁襄王又問也。『對曰』以下，又是孟子的答語。嗜，嗜好也。當時國君或暴虐百姓，或以征伐爲事，所以孟子說：只有不喜歡殺人的人，纔能夠統一。『孰能與之』是梁襄王又問也。與，朱注曰猶歸也。韋昭注戰國策曰『與，從也。』『對曰』以下，又是孟子對答的話。『王知夫苗乎』以下，是孟子用農田的稻苗，來做譬喻，槁，枯也。『油然』是很盛的樣子。久旱之後，將要下雨，空中就滿佈着濃厚的雲，故曰『油然作雲』。沛然，朱注曰『雨盛貌。』浡然，是突然起來的樣子。將要枯槁的苗，已多奄奄無生氣的垂着，經着雨，就突然復活，依舊直立起來，故曰『則苗浡然興之矣』。『人牧』是像司畜牧的專司教養百姓的人，即指當時的人君。這是說帝王施仁政於民，同甘霖之於枯苗，枯苗浡然復活，和人民欣然而往，都是自然的現象，沒法抑制的。引領，是伸着頭頸，形容他們盼望之切。水是無不向下流的，并且沒有人能抵禦得住的。如有不嗜殺人的國君，則天下之民，都來歸向，猶如水之向下奔流一樣。

〔六〕 保民而王

此章總要齊王黜霸功，而行王道，大旨在保民，而保民之源頭在不忍，不忍之作用在善推以及人之老幼不忍之事實在制產。

齊宣王問曰：『齊桓晉文之事，可得聞乎？』孟子對曰：『仲尼之徒，無道桓文之事者，是以後世無傳焉。

齊宣王・姓田氏・名辟疆・諸侯・僭稱王也・齊桓公・晉文公・皆霸諸侯者・

道・言也・董子曰・仲尼之門・五尺童子・羞稱五霸・爲其先詐力而後仁義也・亦此意也・以已通用・無以・必欲言之而不止也・王・謂王天下之道・

保・愛護也・齕・音核・舍・上聲・觳・音斛・觫・音速・與・平聲・胡齕・齊臣也・釁鐘・新鑄鐘成・而殺牲取血・以塗其釁郄也・觳觫・恐懼貌・孟子述所聞胡齕之語而問王・不知果有此事否・王見牛之觳觫而不忍殺・即所謂惻隱之心・仁之端

臣未之聞也無以，則王乎！』

齊宣王，齊威王之子，名辟疆，在位十九年。『宣』是謚。孟子赴齊事，早於赴梁，此書章篇之次，非遊歷之次也。齊桓公名小白，晉文公名重耳，是春秋時五霸中最著名的兩個君主。當時國君都羨慕五霸的功業。宣王好游說之士，也羨慕五霸之業，所以問孟子以齊桓晉文之事。仲尼，孔子字。孟子受業子思之門人，是孟子爲孔子數傳以後的儒家。孔子輕霸業而重王道，所以孟子說『仲尼之徒，無道桓文之事者。』『無以，趙注：云與無已同。』意思是一定要我說而不容我止住，那就只有說王道了。

元人四書辨疑說：『無已，無以言也。』謂既無以言齊桓晉文之事，則不如言王道耳。

曰：『德何如，則可以王矣？』曰：『保民而王，莫之能御也。』曰：『若寡人者，可以保民乎哉？』曰：『可！』曰：『何由知吾可也？』曰：『臣聞之胡齕曰：王坐於堂上，有牽牛而過堂下者，王見之，曰：「牛何之？」對曰：「將以釁鐘。」王曰：「舍之！吾不忍其觳觫，若無罪而就死地。」對曰：「然則廢釁鐘與？」曰：「何可

也・擴而充之・則可以保四海矣・故孟子指而言之・欲王察識於此・而擴充之也・愛・猶吝也・

言以羊易牛・其迹似吝・實有如百姓所議者・然我之心・不如是也・

廢也？以羊易之。」「不識有諸？」曰：「有之。」曰：「是心足以王矣！百姓皆以王為愛也，臣固知王之不忍也。」

齕，音核。釁，喜印切。觳，音斛。觫，音速。與，今作歟。

齊宣王知道霸者是以力服人的，王道則須以德服人。故又發此問。孟子因宣王之問，而說明王道之德，在乎「保民」。「若寡人者……」句，是宣王的問話。「可」字是孟子的答語。「何由知吾可也」，又是宣王問孟子。乃對宣王轉述胡齕的話，以說明其可以保民。胡齕是當時宣王的一個近臣。「牛何之」是宣王的問話。之，往也。釁鐘，是將牲畜的血塗在鐘上。一說殺牲以祭叫做「釁」。觳觫，是恐懼戰慄非常可憐的狀態。一說此句斷句，應作「吾不忍其觳觫若無罪而就死地」。「若」猶「然」也。「觳觫若」猶云觳觫然。「不說有諸」，是孟子說完這故事以後問宣王的話。「諸」，「之乎」也。猶言「不知道有此事否？」「曰有之」，是宣王承認確有其事。「是心足以王矣」，以下又是孟子的話。「是心」，指愛牛之心。這種心理已足以王天下了！「愛」，是愛惜的意思。孟子說百姓都以為王捨不得牛，所以用小些的羊來代替；我卻知王的於心不忍也。

王曰：「然！誠有百姓者，齊國雖*褊小，吾何愛一牛？即不忍其觳觫，若無罪而就死地，故以羊易之也。」

「誠有百姓者」，是真有這種百姓，以為我愛惜一牛也。褊，狹也。褊小，猶言狹小。齊是大國，此言雖褊小，是宣王自謙的話。宣王說明這是不忍之心，並非愛惜一牛。

曰：「王無異於百姓之以王爲愛也。以小易大，彼惡*知之？王若隱其無罪而就死地，則牛羊何擇焉？」王笑曰：「是誠何心哉？我非愛其財，而易之以羊也，宜乎百姓之謂我愛也。」

『無異，』言不必怪異。『以小易大，』指以羊易牛。『彼』指百姓。『惡，』平聲，何也。隱，痛也。擇，別也。言王如痛牠無罪而就死地，那麼牛與羊，又有甚麼分別呢？『宜乎百姓之謂我愛也！』宣王聞牛羊何擇之言，不能解釋自己當時以羊易牛，是何居心，故不覺失笑曰：『是誠何心哉？我並非惜一牛之值，而易之以較小之羊，無怪百姓要說我愛惜了。』

曰：「無傷也，是乃仁術也。見牛未見羊也。君子之於禽獸也，見其生，不忍見其死；聞其聲，不忍食其肉：是以「君子遠庖廚」也。」

這又是孟子的話。『無傷也，』猶云『這沒有什麼妨害。』『仁術，』爲仁之道也。『見牛未見羊』的意思：是見牛之觳觫而未見羊之觳觫。故以下文的話來說明。『君子遠庖廚，』本禮記玉藻之文。

惡・平聲・・異・怪也・隱・痛也・擇・猶分也・言牛羊皆無罪而死・何所分別而以羊易牛乎・孟子故設此難・欲王反求而得其本心・王不能然・故卒無以自解於百姓之言也・

遠・去聲・無傷・言雖有百姓之言・不爲害也・術・謂法之巧者・蓋殺牛旣所不忍・釁鐘又不可廢・於此無以處之・則此心雖發而終不得施矣・然見牛・則此心已

發而不可遏・未見羊・則其理未形而無所妨・故以羊易牛・則二者得以兩全而無害・此所以為仁之術也・聲・謂將死而哀鳴也・蓋人之於禽獸・同生而異類・故用之以禮・而不忍之心・施於見聞之所及・其所以必遠庖廚者・亦以預養是心・而廣為仁之術也・

王說曰：「詩云：『他人有心，予忖度之。』夫子之謂也。夫我乃行之，反而求之不得吾心。夫子言之，於我心有戚戚焉。此心之所以合於王者，何也？」

說・音悅・忖・七本反・度・待洛反・夫我之夫・音扶・詩小雅巧言之篇・戚戚・心動貌・王因孟子之言・而前日之心復萌・乃知此心不從外得・然猶未知所以反其本而推之也・

『說』同『悅』。孟子將宣王所以不忍之心，解釋明白，所以王悅。所引是詩經小雅巧言篇的兩句。忖度，猶思量也，言他人的心，我能思量之也。『夫子』，是宣王對孟子的尊稱。『夫』音扶。一說『夫』字屬上句讀，同今語之『吧』，亦通。『夫我乃行之反而求之不得吾心』者，是說這件事體，我這樣做去，回轉來自己想想，不曾想到當時做這事的心理。『戚戚』，是心動的樣子。孟子將當時心理，一一解釋說明，恰合宣王心理，故使之心動也。『此心之所以合於王者，何也，』是宣王進一步問，何以這不忍之心，是合於王道呢？

曰：「有復於王者曰：『吾力足以舉百鈞，而不足以舉一羽；明足以察秋毫之末，而不見輿薪。』則王許之乎？」曰：「否！」

這段孟子又以譬喻問宣王。復，告也。鈞，三十斤也。百鈞，即三千斤。秋毫，是秋天新生的毫毛。動物夏日脫毛，秋日重生，所以新生之毛較普通的爲細，輿卽車。薪卽柴，力足以舉三千斤之重，而不能舉一毛羽；明足以察秋天新生的細毛之末端，而不見一車的柴；此設辭也。許，說文云：『聽也，』『王許之乎，』猶言『你相信他底話嗎？』『否』字爲王之答辭。

『今恩足以及禽獸，而功不至於百姓者，獨何與？然則一羽之不舉，爲不用力焉；輿薪之不見，爲不用明焉；百姓之不見保，爲不用恩焉。故王之不王，不爲也；非不能也。』

此段又是孟子說的，省去一『曰』字。宣王既否認世間有能舉百鈞，不能舉一羽，能見秋毫，不能見輿薪的人，孟子因更進一層說道你王的恩德足以及於牛，而不曾有功德加到百姓身上，是甚麼緣故呢？『與』同『歟』。上云『保民而王，』故此云『不見保』，言百姓不爲王所保也。『王之不王，』第一個『王』字作代名詞，卽孟子稱宣王之辭，第二個『王』字是動詞，是『統一天下』的意思。

曰：『不爲者，與不能者之形，何以異？』曰：『挾太山

與・平聲・爲不之爲去聲・復・白也・鈞・三十斤・百鈞・至重難舉也・羽・鳥羽・一羽・至輕易舉也・秋毫之末・毛至秋而末銳・小而難見也・輿薪・以車載薪・大而易見也・許・猶可也・今恩以下・又孟子之言也・蓋天地之性・人爲貴・故人之與人・又爲同類而相親・是以惻隱之發・則於民切而於物緩・推廣仁術・則仁民易而愛物難・今王此心能及物矣・則其保民而王・非不能也・但自不肯爲耳・

語・去聲・爲長之爲去聲・長・上聲・折

・之舌反・形・狀也・挾・以肱持物也・超・躍而過也・爲長者折枝・以長者之命折草木之枝・言不難也・是心固有不待外求・擴而充之・在我而已・何難之有・

與・平聲・老・以老事之也・吾老・謂我之父兄・人之老・謂人之父兄・幼・以幼畜之也・吾幼・謂我之子

以超北海，語人曰：「我不能。」是誠不能也。爲長*者折枝，語人曰：「我不能。」是不爲也，非不能也。故王之不王，非挾太山以超北海之類也；王之不王，是折枝之類也。

「不爲者，與不能者之形，何以異？」又是宣王問。孟子又設一個極淺顯的譬喻來說明。挾，以手夾持之也。超，躍過也。太山即泰山。「挾太山以超北海，」乃是當時通行的成語。墨子上也有「挈太山以超江河，生民以來，未嘗有也」的話。「折枝」有二說：趙岐孟子注、毛奇齡四書賸言以爲折枝，是幼輩替長輩按摩，折手節，解疲枝，四書辨疑以爲枝同肢，折肢，磬折腰枝，鞠躬作禮；陸善經以爲折枝，乃是折草樹之枝。「長」上聲。「挾太山超北海」喻非人力所能爲；「爲長者折枝，」喻輕而易舉。二喻相形，則「不爲」與「不能」之異顯然矣。

老吾老，以及人之老；幼吾幼，以及人之幼；天下可運於掌。詩云：「刑*于寡妻，至于兄弟，以御*于家邦。」言舉斯心，加諸彼而已！故推恩足以保四海；不推恩無弟・人之幼・謂人之子弟・運於掌・言易也・詩大雅思齊之篇・刑・法也・寡妻・寡德之妻・謙辭也・御・治也・不能推恩・則衆叛親離・故無以保妻子・蓋骨肉之親・本同一氣・又非但若人之同類而已・故古人必由親親推之・然後及於仁民・又推其餘・然後及於愛物・皆由近以及遠・自易以及難・今王反之・則必有故矣・故復推本而再問之・

度之之度・待洛反・

權・稱錘也・度・丈尺也・度之・謂稱量之也・言物之輕重長短・人所難齊・必以權度度之・而

以保妻子。古之人所以大過人者，無他焉，善推其所為而已矣。今恩足以及禽獸，而功不至於百姓者，獨何與？*

此仍為孟子之辭，「老吾老」的上一個「老」，作奉養解。「幼吾幼」的上一個「幼」，作慈愛解。廣雅云「運，轉也。」「天下可運於掌」，言其易也。「刑于寡妻，至于兄弟，以御于家邦。」見詩經大雅思齊篇。「刑」今作「型」，就是典型，模範。「寡妻」是國君自稱其妻的謙詞，猶之國君常自稱為寡人。這是說國君能修身以為嫡妻之典型，再推而至於兄弟，更推及於國家，即大學由齊家而治國之意。「御」是行的意思，和易「時乘六龍以御天」的「御」字同。一說「御」音迓，迎也，合也。

孟子引了詩經的句子，又解釋這句話，就是說把這不忍之心，加之於別人身上罷了！這便是「推恩」，暗暗說明宣王之「不忍」是「仁術」，但未能推恩及於百姓耳。「與」同「歟」。

權，然後知輕重；度，然後知長短：物皆然，心為甚。王請度之！*

權，是秤錘；度，是尺；此皆作動詞。凡百事物，一定須權度而後知輕重長短，而人心更甚。禽獸，輕者，短者；百姓，重者，長者；所以恩及禽獸而功不至於百姓者，因未嘗權度之也。故曰「王請度之。」「度」

入聲，量度也。

後可見．若心之應物．則其輕重長短之難齊．而不可不度以本然之權度．又有甚於物者．今王恩及禽獸．而功不至於百姓．是其愛物之心重且長．而仁民之心輕且短．失其當然之序而不自知也．故上文既發其端．而於此請王度之也．

抑王興甲兵，危士臣，構怨於諸侯，然後快於心與*。』

『抑』轉接連詞猶今語之『還是』。興，動也。『構怨』猶言結怨。『與』同『歟』。這一節，是孟子推測宣王心理的話。

與．平聲．抑．發語辭．士．戰士也．構．結也．孟子以王愛民之心．所以輕且短者．必其以是三者爲快也．然三事實非人心之所快．有甚於殺觳觫之牛者．故指以問王．欲其以此而度之也．

王曰：『否！吾何快於是？將以求吾所大欲也。』曰：『王之所大欲，可得聞與*。』

大欲，是極大的欲望。『曰』字以下，是孟子之辭，故意問他『大欲』是什麼？

不快於此者．心之正也．而必爲此者．欲誘之也．欲之所誘者．獨在於是．是以其心尙明於他．而獨暗於此．此其愛民之心．所以輕短．而功不至於百姓也．

王笑而不言。曰：『爲肥甘不足於口與？輕煖不足於體與？抑爲采色不足視於目與？聲音不足聽於耳與？便嬖不足使令於前與？王之諸臣，皆足以供之，而王

與．平聲．爲肥．抑爲．豈爲．不爲之爲．皆去聲．便令皆平聲．辟與闢同．朝．音潮．便嬖．近習嬖

辛之人也．已．語助辭．辟．開廣也．朝．致其來朝也．秦楚皆大國．涖．臨也．若．如此也．所為．指與兵結怨之事．緣木求魚．言必不可得．

豈為是哉？」曰：「否！吾不為是也。」曰：「然則王之所大欲可知已。欲辟土地，朝秦楚，涖中國，而撫四夷也。以若所為，求若所欲，猶緣木而求魚也。」

與，皆同歟。便此處讀皮延反。嬖，音閉。辟，同闢。朝，音潮。涖，音利。

孟子問宣王的大欲，宣王只笑而不說。孟子又故意問他。『與』均同『歟』。『肥甘』，肥美之肉食。輕煖，輕煖之衣裘。便嬖，便佞寵倖之臣也。孟子故意舉出這五種事物來問齊宣王，而又逗他說王之諸臣皆足以供之，大欲怕不在此。於是得了下列的結論。『辟』同『闢』。『朝』作動詞用。『朝四夷』者，使四夷來朝也。涖，臨也。撫，安撫也。這四句便是說統一天下，為帝王。『若』如此也。一曰汝也。言以宣王所為求此大欲，必不可得。緣木求魚，謂上高木以求魚，言其必不可得。

王曰：「若是其甚與？」曰：「殆有甚焉！緣木求魚，雖不得魚，無後災；以若所為，求若所欲，盡心力而為之，後必有災。」

孟子說宣王要統一天下，如緣木求魚之難，故宣王驚問曰：『竟如此困難嗎？』『有』同『又』，『殆又甚焉』，就是說『比緣木求魚更甚呢。』

甚與聞與之與平聲・殆蓋・皆發語辭・鄒・小國・楚・大國・齊集有其一言集合齊地其方千里・是有天下九分之一也・以一服八・必不能勝・所謂後災也・反本・說見下文・

朝・音潮・賈・音古・愬・與訴同・行貨日商・居貨日賈・發政施仁・所以王天下之本也・近者悅・遠者來・則大小彊

曰：『可得聞與？』曰：『鄒人與楚人戰，則王以爲孰勝？』曰：『楚人勝。』曰：『然則小固不可以敵大，寡固不可以敵衆，弱固不可以敵彊。海內之地，方千里者九，齊集有其一；以一服八，何以異於鄒敵楚哉？蓋亦反其本矣！

是宣王之問話。鄒是當時的小國，楚是大國。這又是孟子假設來問宣王的話。孟子遂根據宣王『楚人勝』的話而加以說明。王制中說『凡四海之內九州，州方千里。』『齊集有其一』者，齊國合併諸小國而得其一州也。『蓋亦反其本矣』意思是你既不能以武力統一中國，當反而求其根本之道；根本之道，卽把政治的動向改變一下，走到仁政王道的路上去。『蓋』疑詞。

今王發政施仁：使天下仕者皆欲立於王之朝，耕者皆欲耕於王之野，商賈皆欲藏於王之市，行旅皆欲出於王之塗；天下之欲疾其君者皆欲赴愬於王。其窮．非所論矣．蓋力求所欲．則所欲者．反不可得．能反其本．則所欲者不求而至．與首章意同．

惛．與昏同．恒．胡登反．辟．與僻同．爲．於虔反．恒．常也．產．生業也．恒產．可常生之業也．恒心．人所常有之善心也．士嘗學問．知義理．故雖無常產而有常心．民則不能然矣．罔．猶羅網．欺其不見而取之也．

若是，孰能禦之？

朝，朝廷。『賈』，讀如古。行曰商，坐曰賈。『塗』，同『途』。疾，恨也，仇也。赴愬，往告也。天下之民皆歸之如此，孰能止之哉？至此方說到孟子本旨。

王曰：『吾惛*，不能進於是矣！願夫子輔吾志，明以教我。我雖不敏，請嘗試之。』曰：『無恆產而有恆心者，惟士爲能。若民，則無恆產，因無恆心；苟無恆心，放辟*，邪侈*，無不爲已。及陷於罪，然後從而刑之，是罔民也。焉*有仁人在位，罔民而可爲也？

惛，同昏。辟，今作僻。侈，音此。焉，音煙。

『惛』同『昏』，不明也，亂也。『曰』字以下，是孟子的話。恆者，久常也。恆產，是能永久保守的財產。恆心是能永久不變的心志。讀書明理的人，雖無恆產，尚可以有所自守，不變其恆心，故曰：『惟士爲能。』一般沒有知識不明事理的平常百姓，既沒有永久的產業，爲了生活，不得不另覓途徑，所以沒有恆心，不免要放僻，邪侈，無所不爲了。百姓做了種種惡事，陷在罪犯裏面，然後加以刑罰，這種政治，實是欺罔百姓的舉動。何以呢？百姓犯罪，由於作惡；而所以作惡，皆因爲飢寒交迫，沒有恆產的緣故。做人君的，能使百姓都有恆產，百姓自然不至於作惡犯罪了。現在做人君的不知道推行仁政，使畜，許六反，下同。輕，猶易也。此言民有常產而有常心也。治，平聲。凡治字，為理物之義者，平聲；為已理之義者，去聲。後皆倣此。贍，足也。此所謂無常產而無常心者也。盍，何不也。使民有常產者，又發政施仁之本也。說見下文。音見前篇。此言制民之產之法也。趙氏

百姓增加產業，只知用刑罰禁制百姓犯罪，這就是欺罔了。一說，「罔」與「網」同。「罔民」謂以刑法陷民，猶以網罟捕禽魚也。

是故明君制民之產，必使仰足以事父母，俯足以畜妻子；樂歲終身飽，凶年免於死亡；然後驅而之善，故民之從之也輕。今也制民之產，仰不足以事父母，俯不足以畜妻子；樂歲終身苦，凶年不免於死亡；此惟救死而恐不贍，奚暇治禮義哉？王欲行之，則盍反其本矣！

樂音洛。贍音占。盍音合。

這段連接上文，仍為孟子之言。上文說民之作惡犯罪，由於無恆產。故此段是說明賢明的國君，必先制定人民的財產。仰對上；俯對下。樂歲豐熟之年；凶年，飢饉災禍之年。贍，足也。奚，何也。盍，何不也。這段言先富後教，先解民生問題，然後可以談到政治教育。管子云：『倉廩實知禮節，衣食足知榮辱。』旨正相同。

五畝之宅，樹之以桑，五十者可以衣帛矣；雞豚狗彘

之畜，無失其時，七十者可以食肉矣；百畝之田，勿奪其時，八口之家可以無飢矣；謹庠序之教，申之以孝悌之義，頒白者不負戴於道路矣；老者衣帛食肉，黎民不飢不寒，然而不王*者，未之有也。」

曰·八口之家·次上農夫也·此王政之本·常生之道·故孟子爲齊梁之君各陳之也·楊氏曰·爲天下者·舉斯心加諸彼而已·然雖有仁心仁聞·而民不被其澤者·不行先王之道故也·故以制民之產告之·此章言人君·當黜霸功·行王道·而王道之要·不過推其不忍之心·以行不忍之政而已·齊王非無此心·而奪於功利之私·不能擴充以行仁政·雖以孟子反覆曉告·精切如此·而蔽固已深·終不能悟·是可歎也·

上段說明制民之產之必要；此段說明制民之產之辦法，與上面對梁惠王的話完全相同。

〔七〕 與民同樂

此章見好樂當通民情也，以與民同樂爲主。

莊暴*見孟子，曰：「暴見於王，王語暴以好樂，暴未有以對也。」曰：「好樂何如？」孟子曰：「王之好樂甚，則齊國其庶幾乎！」

凡十六章·見於之見音現·下見於同·語·去聲·下同·好·去聲·篇內並同·莊暴·齊臣也·庶幾·近辭也·言近於治

莊暴是齊國的一個臣子，莊暴所稱之王，也是齊宣王。『見於』之見，音現，是被召見的意思。樂，音

變色者・慚其好之不正也・

今樂・世俗之樂・古樂・先王之樂・聞與之與・平聲・樂樂・下音洛・孰樂亦音洛・獨樂・不若與人・與少樂・不若與衆・亦人之常情也・爲・去聲・此以下・皆孟子之言也・

樂也。語，去聲，是告語的意思。好，去聲，喜歡也。『曰』『好樂何如，』是莊暴申述與宣王對話的事以後，又問孟子，宣王好樂於政治上如何也。庶幾，是相近的意思。因爲禮和樂是王道仁政中很重要的兩件事，所以孟子說齊王果然喜歡音樂而喜歡到極點，那麼齊國就庶幾有希望了！

他日，見於王曰：『王嘗語莊子以好樂，有諸？』王變乎色，曰：『寡人非能好先王之樂也，直好世俗之樂耳！』

『見於王』者，是孟子。『諸』同『之乎，』『有諸』『有之乎』也。變乎色，有羞慚的意思。齊王因爲好世俗之樂，而不懂古樂，所以羞慚。

曰：『王之好樂甚，則齊其庶幾乎！今之樂，由古之樂也。』曰：『可得聞與？』曰：『獨樂樂，與人樂樂，孰樂？』曰：『不若與人。』曰：『與少樂樂，與衆樂樂，孰樂？』曰：『不若與衆。』

『好樂甚』猶言『甚好樂』也。『由，』『由』一本作『猶』。『由』『猶』古同。『可得聞與』之『與，』同『歟』。『獨樂樂』第一『樂』字爲音樂之樂；第二『樂』字爲歡樂之樂；下同。意思是一人作樂快樂呢，還是和別人共同作樂快樂？

蹙・子六反・頞・音遏・夫・音扶・同樂之樂・音洛・鐘鼓管籥・皆樂器也・舉・皆也・疾首・頭痛也・蹙・聚也・頞・額也・人憂戚則蹙其頞・極・窮也・羽旄・旌屬・不與民同樂・謂獨樂其身・而不卹其民・使之窮困也・

病與之與・平聲・同樂之樂・音洛・與民同樂者・推好樂之心・以行仁政・使民各得其所也・

「臣請爲王言樂。今王鼓樂於此，百姓聞王鐘鼓之聲，管籥之音，舉疾首蹙頞而相告曰：「吾王之好鼓樂，夫何使我至於此極也！父子不相見，兄弟妻子離散。」今王田獵於此，百姓聞王車馬之音，見羽旄之美，舉疾首蹙頞而相告曰：「吾王之好田獵，夫何使我至於此極也！父子不相見，兄弟妻子離散。」此無他，不與民同樂也。」

鼓樂，弄音樂的意思。管籥，是簫笛等的樂器。舉，皆也。疾首蹙頞，言其頭痛而皺眉。極，困窮之至也。這都是王獨樂而不與民同樂之故。

「今王鼓樂於此，百姓聞王鐘鼓之聲，管籥之音，舉欣欣然有喜色而相告曰：「吾王庶幾無疾病與，何以能鼓樂也？」今王田獵於此，百姓聞王車馬之音，好樂而能與百姓同之．則天下之民歸之矣．所謂齊其庶幾者如此．范氏曰．戰國之時．民窮財盡．人君獨以南面之樂自奉其身．孟子切於救民．故因齊王之好樂．開導其善心．深勸其與民同樂．而謂今樂．由古樂．其實今樂古樂．何可同也．但與民同樂之意．則無古今之異耳．若必欲以禮樂治天下．當如孔子之言．必用韶舞．必放鄭聲．蓋孔子之言．為邦之正道．孟子之言．救時之急務．所以不同．楊氏曰．樂以和為主．使人聞鐘鼓管絃之音．而疾首蹙頞．則雖奏以咸英韶濩．無補於治也．故孟子告齊王以此．姑正其本而已．

見羽旄之美，舉欣欣然有喜色而相告曰：「吾王庶幾無疾病與*？何以能田獵也？」此無他，與民同樂也。今王與百姓同樂，則王*矣！』

『欣欣然』喜悅之貌。上段言獨樂之害，此段言同樂之利，互相比較，所以辭句也差不多。儒家不言征伐，重教化，所以主張帝王當教化體卹百姓。此不過借好樂的問題，以引起仁政罷了。

〔八〕 交鄰國有道　此章論交鄰之道

齊宣王問曰：「交鄰國有道乎？」孟子對曰：「有。惟仁者為能以大事小，是故湯事葛，文王事昆夷；惟智者為能以小事大，故大*王事獯鬻，句踐事吳以大事小者，樂天者也；以小事大者，畏天者也。樂天者保天

獯．音熏．鬻．音育．句．音鉤．

仁人之心．寬洪惻怛．而無較計大小強弱之私．故小國雖或不恭．而吾所以字之之心．自不能已．智者明義理．識時勢．故大

國雖見侵陵・而吾所以事之之禮・尤不敢廢・湯事見後篇・文王事見詩大雅・大王事見後章・所謂狄人・即獯鬻也・句踐・越王名・事見國語史記・樂・音洛・天者・理而已矣・大之字小・小之事大・皆理之當然也・自然合理・故曰樂天・不敢違理・故曰畏天・包含徧覆・無不周徧・保天下之氣象也・制節謹度・不敢縱逸・保一國之規模也・詩周頌我將之篇・時・是也・言以好勇・故不能事大而恤小也・

下；畏天者，保其國。詩云：「畏天之威，于時保之。」

湯是商朝第一世的王。葛是夏末一個小國。文王，即周文王。昆夷是文王時的一種夷狄。『大』同『太』。太王是文王之祖。那時周國的區域還很小。獯鬻，是西北戎狄所建的大國。句踐是春秋時越國的國王。吳國是春秋時的大國。越王句踐爲吳王夫差所敗，屈身事之。『樂天』這名辭見於易經繫辭傳樂天，是樂於奉承天命的；其仁足以廣被天下，不以殘殺爲能，所以孟子稱以大事小者爲『樂天。』天道又虧盈而益謙，不畏則盈滿招咎而害其國，智者知而畏之，故孟子稱以小事大者爲『畏天。』所引詩，爲周頌我將之篇的兩句。言文王畏天之威，故能保其國家。

夫撫之夫・音扶・惡・平聲・疾視・怒目而視也・小勇・血氣所爲・大勇・義理所發・詩大雅皇矣篇・赫・赫然怒貌・爰・於也・旅・衆也・遏・詩作按・止也・徂・往

王曰：「大哉言矣！寡人有疾，寡人好勇。」對曰：「王請無好小勇。夫撫劍疾視曰：『彼惡敢當我哉？』此匹夫之勇，敵一人者也。王請大之。詩云：『王赫斯怒，爰整其旅，以遏徂莒，以篤周祜，以對于天下。』此文王之勇也。文王一怒而安天下之民。惡音烏，赫音黑，旅音呂，遏恩葛也。莒，詩作旅。徂莒，謂密人侵阮徂共之衆也。篤，厚也。祜，福也。對，答也。以答天下仰望之心也。此文王之大勇也。

衡，與橫同。書，周書泰誓之篇也。然所引與今書文小異。今且依此解之。寵之四方，寵異之於四方也。有罪者，我得而誅之。無罪者，我得而安之。我既在此，則天下何敢有過越其心志而作亂者乎。衡行，謂作亂也。

切。徂，音租。莒，同旅。祜，音戶。

宣王贊孟子之言之大，而自承有好勇之缺點，故不能以大事小也。撫劍，即按劍。疾視，惡視也。即瞋然張目的意思。『惡敢』即『安敢』。惡平聲。『王請大之』就是『請王不要好小勇，要好大勇』。『詩云』者，是孟子引詩經大雅皇矣篇贊歎周文王之大勇的句子。赫，發怒的狀態。斯，語詞。『王赫斯怒』者，是說文王赫然發動他的怒氣。爰猶『於是』也。整，整頓也。旅，軍隊也。遏，是遏止。文王時，有一個密國屢次侵犯周國土地，文王因此發怒，帶了兵去遏止密國的侵犯。徂，往也。莒，詩經裏作『旅』。古時音同者多借用。『以遏徂莒』是說發兵前往遏止密國來侵犯進攻的軍隊。篤，增厚也。祜，福也。『對』字之義有三說：鄭玄說『對』，答也。毛公說對，遂也。趙岐則謂『對』是『揚』，此句的意思是『揚名於天下』。是孟子引詩經以證明文王的大勇。

「書曰：『天降下民，作之君，作之師，惟曰其助上帝，寵之四方，有罪無罪惟我在。天下曷敢有越厥志。』一人衡行於天下，武王恥之，此武王之勇也。武王亦一怒而安天下之民。今王亦一怒而安天下之民，民惟恐王之不好勇也！」

此段又引書經泰誓篇中稱贊武王好勇之言。『天降下民，作之君，作之師』者，言上天降生百姓，特爲設立君主使他治理百姓，更立師長，使他教導百姓也。『惟曰』者，乃假設上天之詞以明作君之旨。趙岐讀作『惟曰其助上帝寵之』爲一句，『四方有罪無罪唯我在』爲一句。在，察也。意思是有罪者我去誅滅他；無罪者我去安撫他也。曷，何也。誰也。厥，其也。『越其志』即反其道也。『一人』猶云『一夫』，『獨夫』。『衡』同『横』。周武王未即天子位以前，商朝的紂王横行天下，暴虐百姓，武王乃起兵誅紂，故曰『一怒而安天下之民』也。這是孟子引書注以明武王之勇大。今王如能好大勇，亦一怒而安天下之民，則天下之民唯恐王之不好勇矣。朱注云：『此章言人君能懲小忿，則能卹小事大，以交鄰國；能養大勇，則能除暴救民，以安天下。』又引張敬夫云：『小勇者，血氣之怒也，大勇者，義理之怒也。血氣之怒不可有，義理之怒不可無。』

・孟子釋書意如此・而言武王亦大勇也・王若能如文武之爲・則天下之民・望其一怒以除暴亂・而拯己於水火之中・惟恐王之不好勇耳・此章言人君能懲小忿・則能卹小事大・以交鄰國・能養大勇・則能除暴救民以安天下・張敬夫曰・小勇者・血氣之怒也・大勇者・義理之怒也・血氣之怒不可有・義理之怒不可無・知此則可以見性情之正・而識天理人欲之分矣・

九　進賢退惡

此章是孟子說進退人材和用刑都要慎重，才能成爲古國而永久存在。

孟子見齊宣王曰：「所謂故國者，非謂有喬木之謂也，有世臣之謂也。王無親臣矣！昔者所進，今日不知其亡也。」王曰：「吾何以識其不才而舍之？」曰：「國君進賢，如不得已，將使卑踰尊，疏踰戚，可不慎與？

世臣・累世勳舊之臣・與國同休戚者也・親臣・君所親信之臣・與君同休戚者也・此言喬木世臣・皆故國所宜有・然所以爲故國者・則在此而不在彼也

左右皆曰「賢，」未可也；諸大夫皆曰「賢，」未可也；國人皆曰「賢，」然後察之；見賢焉，然後用之。左右皆曰「不可，」勿聽；諸大夫皆曰「不可，」勿聽；國人皆曰「不可，」然後察之；見不可焉，然後去之。左右皆曰「可殺，」勿聽；諸大夫皆曰「可殺，」勿聽；國人皆曰「可殺，」然後察之；見可殺焉，然後殺之。故曰「國人殺之」也。如此，然後可以爲民父母。」

・昨日所進用之人・今日有亡去而不知者・則無親臣矣・况世臣乎・舍・上聲・王意以爲此亡去者・皆不才之人・我初不知而誤用之・故今不以其去爲意耳・因問何以先識其不才而舍之邪・與・平聲・

如不得已・言謹之至也・蓋尊尊親親・禮之常也・然或尊者親者未必賢・則必進疏遠之賢而用之・是使卑者踰尊・疏者踰戚・非禮之常・故不可不謹也・去・上聲・左右近臣・其言固未可信・諸大夫之言・

『故國，』是傳世久遠的國家。喬木，是高大的樹木。世臣，是世代做官與國家極有關係的臣子。王，指宣王。親臣者，親任之臣。進，引也，登也。亡，喪棄也。孟子謂宣王用人不明，始則不待詳察而用之，後又惡而棄之。『昔者，』前日。前日進，今日亡，甚言之耳。『舍，』今作『捨。』宣王聽了孟子的話，反問孟子言吾何以預知其不才而捨之不用呢？『曰』字以下，爲孟子的話。言如不得已，而欲特加拔擢，使卑賤者，踰尊貴者，疏遠者，踰親近者，不可不愼也。孟子接着又說明選賢去姦的方法。左右，是在王左右的人。諸大夫，是朝中的職官。國人，是國內的百姓。孟子就選賢去姦二件事說明，着重在『然後察之』四字。所謂『察』，便是選賢棄姦的要訣。但也得聽左右諸侯國人的公論，而其中尤重國人，所謂重民意也。故曰『國人殺之』者，言非出於王之私意也。

宜可信矣・然猶恐其蔽於私也・至於國人・則其論公矣・然猶必察之者・蓋人有同俗・而爲衆所悅者・亦有特立而爲俗所憎者・故必自察之・親見其賢否之實・然後從而用舍之・則於賢者知之深・任之重・而不才者・不得以幸進矣・所謂進賢如不得已者如此・此言非獨以此進退人才・至於用刑・亦以此道・蓋所謂天命天討・皆非人君之所得私也・傳曰・民之所好好之・民之所惡惡之・此之謂民之父母・

〔十〕　湯武革命　此章深警宣王，垂戒炎世。

齊宣王問曰：「湯放桀，武王伐紂，有諸？」孟子對曰：「於傳有之。」曰：「臣弑其君可乎？」曰：「賊仁者謂之『賊』，賊義者謂之『殘』；殘賊之人，謂之『一夫』。聞誅一夫紂矣，未聞弑君也。」

傳・直戀反・放・置也・書云・成湯放桀於南巢・桀紂天子・湯武諸侯・

賊・害也・殘・傷也・害仁者・凶暴淫虐・滅絕天理・故謂之賊・害義者・顚倒錯亂・傷敗彝倫・故謂之殘・一夫・言衆叛親離・不復以爲君也・書曰・獨夫紂・蓋四海歸之・則

桀是夏朝末代的王。因桀暴虐百姓，成湯舉兵討伐，驅桀於南巢。故曰：『湯放桀』紂是商朝末代的王。紂暴虐百姓，周武王舉兵去討伐，紂自焚死，故曰：『武王伐紂』。『有諸？』即『有之乎？』宣王問孟子果有此二事否也。臣殺君稱爲『弑』。在古代，弑的罪名，是非常重的。湯武在當時，都是諸侯，是臣；桀與紂是天子，是君。故宣王以此來責問孟子。『曰』字以下，孟子答。『賊』，作動詞用，傷害也。『一為天子・天下叛之・則為獨夫・所以係警齊王・垂戒後世也・王勉曰・斯言也・惟在下者・有湯武之仁・而在上者・有桀紂之暴・則可・不然・是未免於篡弒之罪也・

夫』者，即書經中所說的『獨夫』，衆叛親離故有此稱。

〔十一〕 征伐之道

這章書是孟子說征伐要順人心，必須人心喜悅，纔合乎天心

按史記・燕王噲讓國於其相子之・而國大亂・齊因伐之・燕士卒不戰・城門不閉・遂大勝燕・乘・去聲・下同・以伐燕為宣王事・與史記諸書不同・已見序說・商紂之世・文王三分天下有其二・以服事殷・至武王十三年・乃伐紂而有天下・張子曰・此事間不容髮・一日之間・天命未

齊人伐燕，勝之。宣王問曰：「或謂寡人勿取，或謂寡人取之。以萬乘之國伐萬乘之國，五旬而舉之，人力不至於此。不取，必有天殃。取之，何如？」孟子對曰：「取之而燕民悅，則取之。古之人有行之者，武王是也。取之而燕民不悅，則勿取。古之人有行之者，文王是也。以萬乘之國伐萬乘之國，簞食壺漿，以迎王師。豈有他哉？避水火也。如水益深，如火益熱，亦運而已矣。」

史記載燕王噲讓國於其相子之，而國大亂，齊伐之，燕兵不戰，遂大勝燕。殃，即禍害。旬，十日也。『舉

絕・則是君臣・當日命絕・則爲獨夫・然命之絕否・何以知之・人情而已・諸侯不期而會八百・武王安得而止之哉・簞・音丹・食・音嗣・

之，』言滅燕全國。宣王以爲伐燕而勝，必有天助，故曰『人力不至於此。不取必有天禍。』武王伐紂，而殷民喜，咸來迎師。故孟子以武王爲『取之』之例。文王爲殷諸侯，三分天下有其二，而尚未伐殷，以三仁尚在，恐殷民不悅也，故孟子以文王爲『不取』之例。簞，竹器；食，音嗣，飯也。言人民以簞盛飯，以壺盛漿，歡迎王師也。水火，均以喻災禍。如水益深，如火益熱，言災禍愈甚也。運，轉也，避也。『亦運而已矣』者，言『亦只有轉望別的人再來拯救也。』一說，『運』即命運之『運』。言此亦燕民之劫運耳。

簞・竹器・食・飯也・運・轉也・言齊若更爲暴虐・則民將轉而望救於他人矣・

趙氏曰・征伐之道・當順民心・民心悅則天意得矣・

〔十二〕誅君弔民　這章書是孟子給宣王劃策，要放棄燕國土地，纔可免兵禍。

千里畏人・指齊王也・

齊人伐燕，取之。諸侯將謀救燕。宣王曰：「諸侯多謀伐寡人者，何以待之？」孟子對曰：「臣聞七十里爲政於天下者，湯是也。未聞以千里畏人者也。

宣王不聽孟子之言，而取燕國的土地，於是諸侯共謀救燕伐齊。宣王恐懼而問孟子「千里畏人」即指齊王。

霓．五稽反．徯．胡禮反．兩引書．皆商書仲虺之誥文也，與今書文亦小異．一征．初征也．天下信之．信其志在救民．不爲暴也．奚爲後我．言湯何爲不先來征我之國也．霓．虹也．雲合則雨．虹見則止．變．動也．徯．待也．后．君也．蘇．復生也．他國之民．皆以湯爲我君．而待其來．使已得蘇息也．此言湯之所以七十里而爲政於天下也．

書曰：「湯一征，自葛始，天下信之。東面而征西夷怨，南面而征北狄怨，曰：『奚爲後我？』」民望之，若大旱之望雲霓也。歸市者不止，耕者不變，誅其君而弔其民，若時雨降，民大悅。書曰：「徯我后，后來其蘇！」霓音泥。徯音以。

孟子又引尚書仲虺之誥的話，以證明湯以七十里爲政於天下的事實。葛是當時的一個小國。湯初次出兵先伐葛國。湯征葛的時候，天下的人都相信湯是個仁君，故曰『天下信之』。『奚爲後我』，就是『爲什麼不先來伐我國呢？』意思是盼望湯師的早日到來。霓，虹也。虹出而雨，故大旱時望之。『歸市者不止，耕者不變』，言商賈農夫依舊營業工作。下文所引，也是尚書仲虺之誥的兩句。『徯』，等待的意思。『后』，作人君講。『徯我后』，即『待我君』。『蘇』者，已死而復醒也。言人民都說我君一到，我們便能脫離苦難了。

累．力追反．拯．救也．係累．縶縛也．重器．寶器也．畏．忌也．倍地．并燕而增一倍之地也．齊之取燕．若能如湯之征

今燕虐其民，王往而征之，民以爲將拯己於水火之中也，簞食壺漿，以迎王師。若殺其父兄，係累其子弟，毀其宗廟，遷其重器，如之何其可也！天下固畏齊之

葛・則燕人悅之・而齊可爲政於天下矣・今乃不行仁政・而肆爲殘虐・則無以慰燕民之望・而服諸侯之心・是以不免乎・以千里而畏人也・

旄與耄同・倪・五稽反・反・還也・旄・老人也・倪・小兒也・謂所虜略之老小也・猶・尚也・及止・及其未發而止之也・

范氏曰・孟子事齊梁之君・論道德・則必稱堯舜・論征伐・則必稱湯武・蓋治民不法堯舜・則是爲暴・行軍不法湯武・則是爲亂・豈可謂吾君不能・而舍所學以徇之哉・

彊也，今又倍地而不行仁政，是動天下之兵也。王速出令，反其旄倪，止其重器，謀於燕衆，置君而後去之，則猶可及止也。」

此段仍爲孟子所說。拯，救也。『係』同『繫』。係累，細縛也。遷，運也。重器，即寶器。遷其重器，猶言將他們的寶器運回齊國。固，久也。『彊』同『強』。倍地，謂併吞燕國，齊地倍廣。反，放回去。『旄』同『耄』，老人也。『倪』小兒也。『止其重器』者，止其寶器，不遷移也。『猶可及止』言尚來得及止諸侯之兵。

〔十三〕　上恤下親

這章書是孟子說國君要率同有司愛護人民不能怪人民怨恨有司。

閧・胡弄反・勝・平聲・長・上聲・下同・

閧・鬭聲也・穆公・鄒君也・不可勝誅・言人衆不可盡誅也・長上・

鄒與魯閧。穆公問曰：「吾有司死者三十三人，而民莫之死也。誅之則不可勝誅；不誅則疾視其長上之死而不救，如之何則可也？」孟子對曰：「凶年饑歲，君之民，老弱轉乎溝壑，*壯者散而之四方者，幾千人矣。而君之倉廩*實，府庫充，有司莫以告，是上慢而殘下也。曾子曰：「戒之！戒之！出乎爾者，反乎爾者也」*夫民今而後得反之也；君無尤焉！君行仁政，斯民親其上，死其長矣。」

謂有司也．民怨其上．故疾視其死而不救也．幾．上聲．夫．音扶．轉．飢餓輾轉而死也．充．滿也．上．謂君及有司也．尤．過也．君不仁而求富．是以有司知重斂而不知卹民．故君行仁政．則有司皆愛其民．而民亦愛之矣．范氏曰．書曰．民惟邦本．本固邦寧．有倉廩府庫．所以爲民也．豐年則斂之．凶年則散之．卹其飢寒．救其疾苦．是以民親愛其上．有危難則赴救之．如子弟之衞父兄．手足之捍頭目也．穆公不能反己．猶欲歸罪於民．豈不誤哉．

鄒國魯國，都是當時的小國。鬨，是戰鬭。穆公是鄒國的國君。有司，官吏也。疾視，仇視也。穆公因人民戰時不勇，致官吏死了三十三人，而百姓卻不肯拚死去救官吏這種百姓，殺之，則誅不勝誅；不殺，則坐視長官之死而不救，罪又無可報，故問孟子也。轉，飢餓輾轉而死也。溝壑，田中溝山中澗也。民死者多，不勝葬，『故曰轉乎溝壑』。倉廩，儲粟；府庫，貯財。慢，怠忽也。殘，傷害也。言上慢君命，下殘民命。曾子，孔子弟子曾參。『出乎爾，反乎爾』，言自己所作，必致自食其報。尤，過也。謂穆公不必責備百姓。『長』，去聲；即指官吏。

〔十四〕 與民守之

這章書是孟子說國家要能自強，不可依賴大國。

間・去聲・滕・國名・無已・見前篇・一・謂一說也・效・猶致也・國君死社稷・故致死以守國・至於民亦爲之死守而不去・則非有以深得其心者不能也・

此章言有國者・當守義而愛民・不可僥倖而苟免・

滕文公問曰：「滕，小國也，閒於齊楚，事齊乎？事楚乎？」

孟子對曰：「是謀，非吾所能及也；無已，則有一焉：鑿斯池也，築斯城也，與民守之，效死而民弗去，則是可爲也。」

滕亦當時一小國。齊楚皆大國，滕在齊楚之間，聯齊則楚怒，聯楚則齊恨，所以滕文公以此問孟子。「是謀」即事齊事楚之謀也。「無已」解見第一章。效猶致也，致死以守國，而民亦肯效死以守，故尙可爲也。

〔問題〕

（一）孟子見梁惠王，首闢言「利」，其故何在？

（二）孟子論仁政王道，首重民生問題，試申其說。

（三）孟子謂「仁者無敵」，其說如何？

（四）孟子謂「不嗜殺人者能一天下」，其說然否？

（五）何謂「保民而王」？

（六）齊宣王之恩及於牛而不及於百姓，何故？

（七）「不爲」與「不能」有何分別？

（八）孟子謂齊宣王「好樂」「好勇」「好貨」「好色」均不害於王天下，其說如何？

（九）孟子論任賢去姦之法如何？

（十）孟子對滕文公處國家危急時之道如何？

公孫丑篇

〔一〕養氣與知言

這章書是孟子說不動心的工夫，由於集義養氣，而集義養氣却是由於學孔子來的。

公孫丑問曰：「夫子加齊之卿相，得行道焉，雖由此霸王不異矣。如此，則動心否乎？」孟子曰：「否！我四十不動心。」

加，猶居也。『異』字有二解；一為異同之異，『由此霸王不異』者，謂不異於古之霸王也；一為怪異之異，謂『從此成霸王之業亦不足怪異』。動心者是說擔了重大責任心中有所疑懼而不安定也。顧炎武日知錄解釋『動心』道：『「我四十不動心者」不動其「行一不義殺一不辜而得天下有不為也」之心』。

曰：「若是，則夫子過孟賁遠矣！」曰：「是不難，告子先我不動心。」

相・去聲・此承上章又設問孟子・若得位而行道・則雖由此而成霸王之業・亦不足怪・任大責重如此・亦有所恐懼疑惑而動其心乎・四十強仕・君子道明德立之時・孔子四十而不惑・亦不動心之謂・

賁・音奔・孟賁・勇士・告子・名不害・孟賁血氣之勇・丑蓋借之

孟賁，是古時候的勇士，衛人。水行不避蛟龍，陸行不避兕虎。告子，趙岐注告子篇曰：『名不害，嘗學於孟子。』蓋即以爲浩生不害。閻若璩云：『浩生複氏，不害其名，與見公孫丑之告子及告子題篇者，自各一人。』毛奇齡亦以趙岐爲誤，但其生平已不可考。

曰：「不動心有道乎？」曰：「有。北宮黝之養勇也，不膚撓，不目逃，思以一毫挫於人，若撻之於市朝；不受於褐寬博，亦不受於萬乘之君；視刺萬乘之君，若刺褐夫；無嚴諸侯；惡聲至，必反之。孟施舍之所養勇也，曰：『視不勝，猶勝也；量敵而後進，慮勝而後會，是畏三軍者也。舍豈能爲必勝哉？能無懼而已矣！』孟施舍似曾子，北宮黝似子夏。夫二子之勇，未知其孰賢，然而孟施舍守約也。昔者曾子謂子襄曰：『子好勇乎？吾嘗聞大勇於夫子矣：自反而不縮，雖褐寬博，吾

以贊孟子動心之難・孟子言告子未爲知道・乃能先我不動心・則此亦未足爲難也・程子曰・心有主・則能不動矣

黝・伊糾反・撓・奴效反・朝・音潮・乘・去聲・

北宮姓・黝名・膚撓・肌膚被刺而撓屈也・目逃・目被刺而轉睛逃避也・挫・猶辱也・褐・毛布・寬博・寬大之衣・賤者之服也・不受者・不受其挫也・刺・殺也・嚴・畏憚也・言無可畏憚之諸侯也・黝蓋刺客之流・以必勝爲主・而不動心者也・

舍・去聲・下同・孟姓・施發語聲・舍名也・會・合戰也・舍自言其戰雖不勝・亦無所懼・若量敵慮勝而後進戰・則是無勇而畏三軍矣・舍蓋力戰之士・以無懼爲主・而不動心者也・夫・音扶・黝務敵人・舍專守己・子夏篤信聖人・曾子反求諸己・故二子之與曾子子夏・雖非等倫・然論其氣象則各有所似・聖・猶勝也・約・要也・言論二子之勇・則未知誰勝・論其所守則舍比於黝・・

不惴*焉，自反而縮，雖千萬人，吾往矣！」孟施舍之守氣，又不如曾子之守約也。」

『不動心有道乎，』公孫丑又問：『曰有……』以下，孟子又答也。北宮是姓。黝是名。據高誘淮南子註：也是齊國人。養，是修養。撓者，屈也。『不膚撓』者，有人刺他的肌膚，他也不縮做一團的。『不目逃』者，有人刺他的眼睛，他也不逃避的。挫，辱也。言所受挫辱雖細至一毫，如被撻於市朝，引以爲奇辱大恥也。市朝，普通解爲市場與朝廷。顧炎武謂市朝者，市之有行列如朝也，非朝廷之謂。閻若璩謂市朝，乃殺人陳屍之所。俞樾曰：『「朝市，」雙言朝也市也；「市朝，」單言市之朝也。若撻之於市朝，正是司市之朝耳。古之朝名通行上下，並非朝廷也。』按如俞說，則市朝猶今之公安局警察署耳。『褐寬博』者，穿麤布衣的窮人僅一衣，故寬大。『萬乘之君』是大國的諸侯。『不受於褐寬博』云云，意思是：無論一個平常的窮人，或大國的國君把他羞辱時，他都不願意承受的。『褐夫』同『褐寬博，』賤夫也。嚴，畏敬也。「無嚴，」猶言不怕。惡聲，叱罵之聲。人以惡聲加之，必以惡聲報之也。趙岐云：『孟，姓，舍，名，施，發音也。』因爲下文孟施舍自稱作舍，故趙岐以『施』爲發音與『介之推』『孟之反』之『之』字同。閻若璩及翟氏灝云：古人雙名可以稱一字，趙岐說非。『曰』字以下，引孟施舍之言。曾子，卽曾參。子夏，孔子弟子卜商字。『夫』音扶。二子指孟施舍及北宮黝。約，簡要也。子夏博學切問，得六經之傳；曾子反已三省，聞一貫之道。故子夏所得者博，曾子所守者約。北宮黝之勇，在視萬乘之君如褐夫。孟施舍之勇，在不復量敵慮勝，且視不勝猶勝，其所守在已，故似曾子，而較北宮黝爲簡要也。子襄，曾子的弟子。縮，直也。自反，自已反省。『不惴』舊有三解：（一）『不惴』謂不恐懼之。（宋注及焦循正義）（二）「不惴」，惴也；「不」，發語詞，無義。（王引之經傳釋詞）（三）「不惴」，豈不惴也。（閻若璩四書釋地）又一說，「惴」當作「遄」，往也。「不遄」，正與下「往矣」相對。孟施舍之所守在「氣」，曾子之所守則在「義」。故孟施舍之所守，又不如曾子之簡要矣。

爲得其要也・好・去聲・惴・之瑞反・此言曾子之勇也・子襄・曾子弟子也・夫子・孔子也・縮・直也・檀弓曰・古者・冠縮縫・今也衡縫・又曰・棺束縮二衡三・惴・恐懼之也・往・往而敵之也・言孟施舍雖似曾子・然其所守・乃一身之氣・又不如曾子之反身循理・所守尤得其要也・孟子之不動心・其原蓋出於此・下文詳之・

閒與之與・平聲・夫志之夫音扶・

此一節・公孫丑之問・孟子誦告子之言・又斷以己意而告之也・告子謂於言有所不達・則當舍置其言・而不必反求其理於心・於心有所不安・則當力制其心・而不必更求其助於氣・此所以固守其心而不動之速也・孟子既誦其言而斷之

曰：「敢問夫子之不動心，與告子之不動心，可得聞與*？」「告子曰：「不得於言，勿求於心；不得於心，勿求於氣。」不得於心，勿求於氣，可；不得於言，勿求於心，不可。夫志，氣之帥也。氣，體之充也。夫志至焉，氣次焉。故曰「持其志，無暴其氣。」」

與，作歟。

上文公孫丑以孟賁爲比，故孟子引北宮黝、孟施舍二勇士，及曾子論大勇之言，以明不動心之道；此則公孫丑又問孟子的不動心和告子之不動心，孟子先說明告子的不動心。「不得於言，勿求於心，不得於心，勿求於氣。」是告子之言，孟子引之。「不得於心，勿求於氣，可；不得於言，勿求於心，不日・彼謂不得於心・而勿求諸氣者・急於本而緩其末・猶之可也・謂不得於言・而不求諸心・則既失於外而遂遺其內・其不可也必矣・然凡曰可者・亦僅可而有所未盡之辭耳・若論其極・則志固心之所之・而爲氣之將帥・然氣亦人之所以充滿於身・而爲志之卒徒者也・故志固爲至極・而氣卽次之・人固當敬守其志・然亦不可不致養其氣・蓋其內外本末・交相培養・此則孟子之心・所以未嘗必其不動・而自然不動之大略也・

可。』是孟子批評告子之言。『夫志，氣之帥也』以下，是孟子批評告子之說，又自己加以申說。朱注云：『告子謂於言有所未達則當舍置其言而不必反求其理於心；於心有所不安，則當力制其心而不必更求其助於氣，此所以固守其心而不動之速也。』按『不得於言』正由告子未能『知言』，能知言則於詖淫邪遁之辭皆有以得之矣。告子云『不得於言，勿求於心』不過如道家之心若死灰，佛家之離心意識參而已，故孟子以爲不可。『心』是理智的主宰；『氣』是情感的作用。若不得於心而求之於氣，則理智不明，情感妄動，徒然發生盲目的衝動，故孟子以爲『可』。心之所之謂之『志』。志者，卽是心的理智作用所定的行爲的動向，故當以『志』爲『氣』之帥，但徒有『志』而無充乎體之『氣』，則又因循退縮，無進取之勇。『氣』充乎體，則不餒矣。朱子釋『志至氣次』云：『志爲至極，而氣次之。』似與孟子崇『養氣』之旨未合。『次』當訓爲『次舍』之次。（見陳組綬近聖居燃犀解。）蓋『志』爲氣之帥，則志之所至，氣卽隨之也。『持其志』者使趨向正而不可移易也。『無暴其氣』者使能聽命於志也。

「既曰：『志至焉，氣次焉。』又曰：『持其志，無暴其氣』者，何也？」曰：「『志壹則動氣，氣壹則動志也。今夫蹶*者，趨者，是氣也，而反動其心。』」

蹶音厥。

夫・音扶・公孫丑見孟子言志至而氣次・故問如此・則專持其志可矣・又言無暴其氣何也・壹・專一也・蹶・顛躓也・趨・

走也·孟子言志之所向專一·則氣固從之。然氣之所在專一·則志亦反爲之動·如人顚躓趨走·則氣專在是而反動其心焉·所以旣持其志·而又必無暴其氣也·程子曰·志動氣者什九·氣動志者什一·

『既曰』以下，是公孫丑又問也。公孫丑之意，以爲既云志之所到，氣卽隨之，則氣已聽命於志，何必又云『持其志無暴其氣』呢？壹，專一也。一個人志向專一，去做一件事，氣必隨之而動『志壹則動氣』者，卽上文所云『志至焉，氣次焉』也。但在氣專一的時候，志也會隨之而動的，這就是『氣壹則動志』也。蹶，是傾跌。趨，是向前急走。趙氏以『行而蹶者』解之，是『蹶者趨者』卽『趨而蹶者』也。一個人因趨走而傾跌，是氣的作用；然而因此就動心了。這是氣壹則動志的一個實例，因爲氣壹可以動志，故又須『持其志無暴其氣』。

惡·平聲·公孫丑復問孟子之不動心·所以異於告子如此者·有何所長而能然·而孟子又詳告之以其故也·

「敢問夫子惡*乎長？」曰：「我知言，我善養吾浩然之氣。」

『惡』音爲，何也。公孫丑又問孟子也。『曰』字以下，爲孟子答語。『浩然，』正大之貌。

知言者·盡心知性·於凡天下之言·無不有以究極其理·而識其是非得失之所以然也·浩然·盛大流行之貌·氣·卽所謂體之充者·本自浩然·失養故餒·惟孟子爲善養之以復其初也·蓋惟知言·則有以明夫道義·而於天下之事無所疑·養氣·則有以配夫道義·而於天下之事無所懼·此其所以當大任而不動心也·告子之學·與此正相反·其不動心·殆亦冥然無覺·悍然不顧而已爾·

孟子先言知言·而丑先問氣者·承上文方論志氣而言也·難言者·蓋其心所獨得而無形聲之驗·未有易以言語

「敢問何謂浩然之氣？」曰：「難言也。其爲氣也，至大至剛，以直養而無害，則塞於天地之間。其爲氣也，配義與道，無是餒*也。是集義所生者，非義襲而取之形容者・故程子曰・觀此一言・則孟子之實有是氣可知矣・至大・初無限量・至剛・不可屈撓・蓋天地之正氣・而人得以生者・其體段本如是也・惟其自反而縮・則得其所養・而又無所作爲以害之・則其本體不虧・而充塞無間矣・程子曰・天人一也・更不分別・浩然之氣・乃吾氣也・養而無害・則塞乎天地・一爲私意所蔽・則欿然而餒・知其小也・謝氏曰・浩然之氣・須於心得其正時識取・又曰・浩然・是

也。行有不慊*於心,則餒矣。我故曰:「告子未嘗知義」以其外之也。必有事焉而勿正,心勿忘,勿助長也。無若宋人然;宋人有閔*其苗之不長而揠之者,芒芒然歸,謂其人曰:「今日病矣。予助苗長矣。」其子趨而往視之,苗則槁矣。天下之不助苗長者寡矣。以爲無益而舍之者,不耘苗者也;助之長者,揠*苗者也。非徒無益,而又害之。」

公孫丑又問,『甚麼叫做浩然之氣?』孟子道:『這是很難說明的。』『曰』字以下,又爲孟子之答辭。『氣』爲抽象之詞,故難言。『至大,』故沒有限量;『至剛,』故不可屈撓。『以直養,』謂以直道好好的蓄養牠,『直』卽義也。下文以苗爲喻,耘苗卽是養;揠苗則是害。以直養而無害,則此浩然之氣,日滋月長,充其量可以充塞于天地之間。這一種氣,是配合義與道的。義者,人心之當然;道者,天理之自然也。『無是,』朱注謂『無此氣;』毛奇齡四書逸講箋謂『無是道義。』按無道義,卽不能有浩然之正氣;無浩然之氣,則餒矣。此浩然之氣,乃由平時集義所生者。朱註曰:『「集義」者,猶無餒欠時・餒・奴罪反・配者・合而有助之意・義者・人心之裁制・道者・天理之自然・餒・飢乏而氣不充體也・言人能養成此氣・則其氣合乎道義而爲之助・使其行之勇決・無所疑憚・若無此氣・則其一時所爲・雖未必不出於道義・然其體有所不充・則亦不免於疑懼・而不足以有爲矣・

慊・口簟口劫二反・

集義・猶言積善・蓋欲事事皆合於義也・襲・掩取也・如齊侯襲莒之襲・言氣雖可以配乎道義・而其養之之始・乃由事皆合義・自反常直・是以無所愧怍・而此氣自然發生於中・非由只行一事・偶合於義・便可掩襲於外而得之也・慊・快也・足也・言所行一有不合於義・而自反不直・則不足於心・而其體有所不充矣・然則義豈在外哉・告子不知此理・乃曰仁內義外・而不復以義爲事・則必不能集義・以生浩然之氣矣・上文不得於言勿求於心・即外義之意・詳見告子上篇・

長・上聲・揠・烏八反・舍・上聲・

言積善。蓋欲事事皆合於義也』按集，合也。平時所爲，事事皆合於義，則集合此義自能生浩然之氣；此即所謂『以直養』也。朱注又曰『「襲」如「齊侯襲莒」之襲』並不是所做的事偶然合義就能襲取於外而得到這浩然之氣的。慊，口劫反。朱註『快也足也』一個人行事自己覺得有所不足，那就心中慊怯，氣也餒了。告子嘗謂『仁內義外』（見告子篇）外義，故不知義，亦不能集義以生浩然之氣。其不動心，不過是『勿求於氣』而非能善養其浩然之氣也。疑告子主義外之說以孟子之集義爲襲取於外，故孟子辨之如此。朱註曰『必有事焉，有所事也。如「有事於顓臾」（見論語季氏）之「有事」』正，預期也。春秋傳曰「戰不正勝」是也。…此言養氣者必以集義爲事，而勿預期其效。其或未充，則但當勿忘其所有事，而不可作爲以助其長，乃集義養氣之節度也』焦循正義訓『正』爲『止』（詩終風鄭箋云『正，猶止也』）『必有事焉而勿正』者，言必有事於集義而勿止也。何以不止？心勿忘也。時時以不得於言不得於心者求諸心，則心勿忘而義集也。俞樾古書疑義舉例則謂『正心』二字爲『忘』字之誤。此文當作『必有事焉而勿忘，勿忘勿助長也』言必有事於集義而勿忘但雖勿忘，亦勿助長。按下文不耘苗者，即是『忘』，揠苗則是助長。忘，則不『以直養』矣；助長則非『無害』矣。『無』同『毋』，禁之之詞。『閔』同『憫』，憂也。長，上聲。揠，讀如挖，拔也。『芒芒』趙注云『罷倦之貌』朱注云『無知之貌』『其人』指宋人之家人。病，疲倦也。槁，枯萎也。『舍』同『捨』，棄置也。

必有事焉而勿正・趙氏程子以七字爲句・近世或幷下文心字讀之者亦通・必有事焉・有所事也・如有事於顓臾之有事・正・預期也・春秋傳曰・戰不正勝是也・如作正心義亦同・此與大學之所謂正心者・語意自不同也・此言養氣者・必以集義爲事・而勿預期其效・其或未充・則但當勿忘其所有事・而不可作爲以助其長・乃集義養氣之節度也・閔・憂也・揠・拔也・芒芒・無知之貌・其人・家人也・病・疲倦也・舍之而不耘者・忘其所有事・揠而助之長者・正之不得・而妄有作爲者也・然不耘・則失養而已・揠則反以害之・無是二者・則氣得其養・而無所害矣・如告子不能集義・而欲彊制其心・則必不能免於正助之病・其於所謂浩然者・蓋不惟不善養・而又反害之矣・

被・彼寄反・復・扶又反・此公孫丑復問・而孟子答之也・被・偏陂也・淫・放蕩也・邪・邪僻也・遁・逃避也・四者相因・言之病也・蔽・遮隔也・陷・沈溺也・離・叛去也・窮・困屈也・四者亦相因則心之失也・人之有言・皆本於心・其心明乎正理而無蔽・然後其言平正通達而無病・苟爲不然・則必有是四

「何謂知言？」曰：「被*辭知其所蔽，淫辭知其所陷，邪辭知其所離，遁辭知其所窮。生於其心，害於其政；發於其政，害於其事。聖人復起，必從吾言矣！」被，讀如避。

上節所說，單是說明『養浩然之氣。』故公孫丑又問『何謂知言』也。朱注云：『被，偏陂也；淫，放蕩也；邪，邪僻也；遁，逃遁也。四者相因，言之病也。蔽，遮隔也；陷，沉溺也；離，叛去也；窮，困屈也。四者亦相因，則心之失也。』按『被辭』爲偏於一隅，執其一端之辭。荀子解蔽篇云：『墨子蔽於欲而不知得，慎子蔽於法而不知賢，申子蔽於埶而不知知，惠子蔽於辭而不知實，莊子蔽於天而不知人。』是皆『蔽於一曲而闇於大理，』故其言皆有所偏執也。『淫辭』猶『放言，』所謂汪洋自恣之議論也。此皆有所陷溺，不能復出者也。『邪辭』卽『邪說。』春秋戰國時弒父弒君之『暴行，』亦必有邪說爲之辯護，如衞輒拒父，而藉口於王父之命之類。蓋其心反叛離道義，故有此等邪辭耳。遁辭者，隱曲之言，其本意則隱而不明，其言辭則妄而不實，蘇秦張儀之言，大多如此。若能知其辭之所窮，則其姦不能售矣。以上四句，釋『知言。』以下則推論四種言辭之害。蓋言爲心聲，所以言有被淫邪遁之辭者之病矣・即其言之病・而知其心之失・又知其害於政事之決然・而不可易者如此・非心通於道・而無疑於天下之理・其孰能之・彼告子者・不得於言・而不肯求之於心・至爲義外之說・則自不免於四者之病・其何以知天下之言而無所疑哉・程子曰・心通乎道・然後能辨是非・如持權衡以較輕重・孟子所謂知言是也・又日・孟子知言・正如人在堂上・方能辨堂下人曲直・若猶未免雜於堂下衆人之中・則不能辨決矣・

行・去聲・此一節・林氏以爲皆公孫丑之問是也・說辭・言語也・德行・得於心而見於行事者也・三子善言德行者・身有之・故言之親切而有味也・公孫丑言數子各有所長・而孔子兼之・然猶自謂不能於辭命・今孟子乃自謂我能知言・又善養氣・則是兼言語德行而有之・然則豈不既聖矣乎・此夫子・指孟子也・程子曰・孔子自謂不能於辭命者・欲使學者務本而已・惡・平聲・夫聖之夫・音扶・

者，皆由心有蔽陷離窮之病。下滕文公篇云：『邪說者不得作。作於其心，害於其事；作於其事，害於其政。聖人復起，不易吾言矣。』與此略同。『吾言』是指『生於其心……』四句。

「宰我、子貢善爲說辭。冉牛、閔子、顏淵，善言德行。孔子兼之。曰：「我於辭命，則不能也。」然則夫子既聖矣乎？」

朱註云：『此一節，林氏以爲皆公孫丑之問，是也。』公孫丑聽孟子說『我知言，我善養吾浩然之氣，』故有此問。宰我名予，子貢姓端木名賜，冉牛名耕字伯牛，閔子名損字子騫，顏淵名回，皆孔子弟子。論語先進云：『德行，顏淵、閔子騫、冉伯牛、仲弓；言語，宰我、子貢。』公孫丑蓋以長於言語者指『知言』，長於德行者指『養氣』也。孔門弟子各有所長，孔子兼而有之，但猶自謙爲不能辭命；今孟子自謂善知言，又善養氣，是已成聖人矣。

曰：「惡*！是何言也！昔者子貢問於孔子曰：「夫子聖

矣乎？」孔子曰：「聖則吾不能；我學不厭而教不倦也。」子貢曰：「學不厭，智也；教不倦，仁也；仁且智，夫子既聖矣！」夫聖，孔子不居，是何言也！」

此段是孟子回答的話。『惡』音烏，歎詞。公孫丑以為孟子已經是聖人，所以孟子答道：『唉！這是甚麼話呢？』乃引子貢與孔子的一段談話為證，幷道：『這個「聖」字，孔子尚且不敢自居；如今你說我是聖人，這是甚麼話呢！』

「昔者竊聞之：子夏、子游、子張，皆有聖人之一體；冉牛、閔子、顏淵，則具體而微。敢問所安？」曰：「姑舍是。」

此段又是公孫丑所問。因為孟子既不敢自比於孔子，所以又把孔子的弟子，提出來請教。子夏，卜商字；子游，言偃字；子張，顓孫師字；皆孔子弟子。有一體者，有聖人一部份的長處。具體而微者，有聖人全部份的長處，不過比聖人規模小一點。『所安』謂願自處於那一等也。『曰姑舍是』者，孟子不欲與孔子弟子度長絜短，故有此答。姑，姑且；『舍』同『捨』，丟開不談也。

惡・驚歎辭也・昔者以下・蓋子不敢當丑之言・而引孔子子貢問答之辭以告之也・此夫子・指孔子也・學不厭者・智之所以自明・教不倦者・仁之所以及物・再言是何言也・以深拒之・

此一節・林氏亦以為皆公孫丑之問是也・一體・猶一肢也・具體而微・謂其有全體・但未廣大耳・安・處也・公孫丑復問孟子既不敢比孔子・則於此數子・欲何所處也・

舍・上聲・孟子言且置是者・不欲以數子所至者自處也・

治・去聲・伯夷・孤竹君之長子・兄弟遜國・避紂隱居・聞文王之德而歸之・及武王伐紂・去而餓死・伊尹有莘之處士・湯聘而用之・使之就桀・桀不能用・復歸於湯・如是者五・乃相湯而伐桀也・三聖人事・詳見此篇之末・及萬章下篇・

班・齊等之貌・公孫丑問・而孟子答之以不同也・

曰：「伯夷伊尹何如？」曰：「不同道。非其君不事，非其民不使；治則進，亂則退；伯夷也。何事非君？何使非民？治亦進，亂亦進；伊尹也。可以仕則仕，可以止則止，可以久則久，可以速則速；孔子也。皆古聖人也；吾未能有行焉，乃所願，則學孔子也。」

此段仍是公孫丑問的話。伯夷，殷末孤竹君的長子。與弟叔齊讓國而逃，避紂居北海之濱。周武王伐紂得了天下，伯夷情願在首陽山餓死，不食周朝的粟米。伊尹，夏末時人，助湯伐桀，後來做了商朝的宰相。伯夷為聖之清者，近於有所不為之狷；伊尹為聖之任者，近於進取之狂；故二人不同道。孟子說明了二人的不同道，接下去說到孔子的為人，則孔子是聖之時者，故仕止久速各以其時之宜。孟子於三人雖皆自謙曰『吾未能有行焉，』而又云願學孔子，蓋以時中之聖為鵠者也。

「伯夷伊尹於孔子若是班乎！」曰：「否！自有生民以來，未有孔子也。」

公孫丑又問：『伯夷伊尹對於孔子，是同等的嗎？』孟子道：『並不！自從天地間有人民以來，沒有一個能及得孔子的！』

與，平聲。朝，音潮。言有同也。以百里而王天下，德之盛也。行一不義，殺一不辜，而得天下，有所不為，心之正也。聖人之所以為聖人，其根本節目之大者，惟在於此。於此不同，則亦不足以為聖人矣。汙，音蛙。好，去聲。汙，下也。三子智足以知夫子之道，假使汙下，必不阿私所好而空譽之，明其言之可信也。程子曰：語聖則不異，事功則有異。夫子賢於堯舜，語事功也。蓋堯舜治天下，夫子又推其道以

曰：「然則有同與？」曰：「有。得百里之地而君之，皆能以朝諸侯有天下，行一不義，殺一不辜而得天下，皆不為也。是則同。」

『與』同『歟』。公孫丑又問『然則這三個人，亦有相同的地方嗎？』『得百里之地而君之』者，言假使得到百里的地方使這三個人做君主也。『朝諸侯有天下』，即是王天下。『不辜』，即是無罪。假如使他們行一件不義的事體，殺一個無罪的人民而取得天下，這三個人都是不肯做的，這就是他們相同的地方。

曰：「敢問其所以異？」曰：「宰我、子貢、有若，智足以知聖人，汙不至阿其所好。宰我曰：『以予觀於夫子，賢於堯舜遠矣！』子貢曰：『見其禮而知其政，聞其樂而知其德，由百世之後，等百世之王，莫之能違也。自生民以來，未有夫子也。』有若曰：『豈惟民哉！麒麟之於走獸，鳳凰之於飛鳥，泰山之於丘垤，河海之

於行潦*，類也。聖人之於民，亦類也。出於其類，拔乎其萃，自生民以來，未有盛於孔子也。」

公孫丑又問：『那末，三個人的所以不同在那裏？』『曰』字以下，又是孟子答語。有若，也是孔子的弟子。朱注以『汙下』釋『汙』字，非。當從焦循正義作『洿』，『洿』是夸大之『夸』的假借字。阿者，是私心愛好的意思。孟子說：『像宰我、子貢、有若，其才智，都足以知道聖人；卽使說話夸大一點，也不至於阿私於心所愛好的人。故卽引三人稱贊孔子之言，以示伯夷、伊尹之不及孔子。古先聖王，去今久遠，已人亡政息矣。然孔子觀其所遺之禮，(包典章制度言。)而可以推知其政；聞其所遺之樂，（如舜之韶，武王之武）而可以推知其德。等，差等也。從百世之後，上溯百世之前王，雖有差等，皆不違離孔子之道，此卽所謂『集大成』，故爲生民以來未有之大聖也。古以麒麟爲獸之長，鳳凰爲鳥之長，太山爲山之最高者，黃河及海爲水之最大者，故以喻人中之聖人。丘垤，小山；行潦，是道旁溝中之水。出，高出；拔，特起；萃，聚也。出類，拔萃，言與衆不同也。

垂教萬世・堯舜之道・非得孔子・則後世亦何所據哉・言大凡見人之禮・則可以知其政・聞人之樂・則可以知其德・是以我從百世之後・差等百世之王・無有能遁其情者・而見此皆莫若夫子之盛也・垤・大結反・潦・音老・麒麟・毛蟲之長・鳳凰・羽蟲之長・垤・蟻封也・行潦・道上無源之水也・出・高出也・拔・特起也・萃・聚也・言自古聖人・固皆異於衆人・然未有如孔子之尤盛者也・程子曰・孟子此章・擴前聖所未發・學者所宜潛心而玩索也・

〔二〕王霸之分

這章書是孟子說王霸的分別，在於存心眞假的不同。

孟子曰：「以力假仁者霸，霸必有國大；以德行仁者

力・謂土地甲兵之力・假仁者・本無是心

・而借其事以爲功者也・霸・若齊桓晉文是也・以德行仁・則自吾之得於心者推之・無適而非仁也・贍・足也・詩大雅文王有聲之篇・王霸之心・誠僞不同・故人所以應之者・其不同亦如此・鄒氏曰・以力服人者・有意於服人・而人不敢不服・以德服人者・無意於服人・而人不能不服・從古以來・論王霸者多矣・未有若此章之深切而著明者也・

王，王不待大，湯以七十里，文王以百里。以力服人者，非心服也；力不贍也。以德服人者，中心悅而誠服也，如七十子之服孔子也。詩云：「自西自東，自南自北，無思不服。」此之謂也。」

此章說明『王』與『霸』的分別。力，兵力也。假，假託也。『必有大國』，必大國而後能霸也。德者，道德也。『不待大』，不必待大國也。贍，足也。所引詩大雅文王有聲篇『無思不服』，猶云『無不心服。』

惡・去聲・下同・好榮惡辱・人之常情・然徒惡之而不去・其得之之道・不能免也・閒・音閑・此因其惡辱之

〔三〕 貴德尊士

這章書是孟子勸勉做國君的施行仁政，預防恥辱禍患。

孟子曰：「仁則榮，不仁則辱。今惡辱而居不仁，是猶惡溼而居下也。如惡之，莫如貴德而尊士，賢者在位，能者在職，國家閒暇，及是時，明其政刑，雖大國必畏情・而進之以彊仁之事也・貴德・猶尙德也・士・則指其人而言之・賢・有德者・使之在位・則足以正君而善俗・能・有才者・使之在職・則足以修政而立事・國家閒暇・可以有爲之時也・詳味及字・則惟日不足之意可見矣・徹・直列反・土・音杜・綢・音稠・繆・武彪反・詩豳風鴟鴞之篇・周公之所作也・迨・及也・徹・取也・桑土・桑根之皮也・綢繆・纏綿補葺也・牖戶・巢之通氣出入處也・予・鳥自謂也・言我之備患・詳密如此・今此在下之人・或敢有侮予者乎・周公以鳥之爲巢如此・比君之爲國・亦當思患而預防之・孔子讀而贊之・以爲知道也・般・音盤・樂・音洛・敖・音傲・言其縱欲偸安・亦惟日不足也・結上文之意・孽・魚列反・詩大雅文王之篇・永・長也・言・猶念

之矣。詩云：「迨天之未陰雨，徹彼桑土，綢繆牖戶；今此下民，或敢侮予。」孔子曰：「爲此詩者其知道乎！能治其國家，誰敢侮之？」

惡，去聲，厭也。卑下則近水，故濕。職，官職。『閒暇，』言無外患內禍之時。明，察也。所引詩經見豳風鴟鴞篇是詩人假託鳥的口氣而說的。迨，及也。徹，取也。桑土，桑樹的皮和泥土也。毛詩釋文云：『土，音杜。韓詩作杜。』方言『東齊謂根曰杜。』是桑土即桑根。繆，音謀。綢繆，纏結也。牖，即戶。言鳥取桑根以結巢也。『今此下民，』今毛詩作『今女下民。』『女』同『汝。』『或敢』即誰敢也。

今國家閒暇，及是時，般樂怠敖，是自求禍也。禍福無不自己求之者。詩云：「永言配命，自求多福。」太甲曰：「天作孽，猶可違；自作孽，不可活。」此之謂也。

『般』音盤大也。『樂』歡樂之樂。怠懶惰也。敖驕傲也。上文說國家當閒暇之時，應先修明其政也。配。合也。命。天命也、此言福之自已求者。太甲。商書篇名。孼。禍也。違。避也。活。生也。書作逭。逭。猶緩也。此言禍之自己求者。

刑。此段說現今的國家在閒暇時候，國君只知道大大地享樂，懶惰驕傲，這是自求禍殃。所引詩經，見大雅文王篇的句子，用以證明禍福自求的道理。『永言配命，』朱注云：『永，長也。言，猶念也。配，合也。命，天命也。』言當永念所配受之天命，以自求多福也。太甲，商王。今尚書有太甲篇，係東晉僞古文。此引詩以明自己求福，引太甲之言以明自己求禍。

〔四〕 擴充四端

這章書是孟子說能推廣不忍害人的心，就足夠保有四海。

天地以生物爲心。而所生之物。因各得天地生物之心以爲心。所以皆不忍人之心也。言衆人雖有不忍人之心。然物欲害之。存焉者寡。故不能察識而推之於政事之間。惟聖人全體此心。隨感而應。故其所行。無非不忍人之政也。怵。音黜。內。讀爲納。惡。去聲。下同

孟子曰：「人皆有不忍人之心。先王有不忍人之心，斯有不忍人之政矣。以不忍人之心，行不忍人之政，治天下可運之掌上。所以謂人皆有不忍人之心者，今人乍見孺子將入於井，皆有怵惕惻隱之心，非所以內交於孺子之父母也，非所以要譽於鄉黨朋友也，非惡其聲而然也。」

『不忍人之心』爲『仁心』；『不忍人之政』爲『仁政』。『仁政』以『仁心』爲本。以『仁心』行『仁政』則仁可以覆天下。『可運之掌上』者言其易也。下乃舉事實以證『人皆有不忍

人之心。』乍，猶忽然也。孺子，卽小孩。怵惕，受驚的樣子。惻，傷慟也。隱，隱痛。『內』今作『納』。『內交』猶說結交。要譽，求取很好的名譽。惡去聲。惡其聲，厭惡小兒哭喊的聲音也。今人忽見小孩子將入於井，都會引起驚惶惻隱之心；此乃純粹由於內心的同情，並非由于外力有所爲而出此；故可證明『不忍人之心』是人類同具的天性。

『由是觀之：無惻隱之心，非人也。無羞惡*之心，非人也。無辭讓之心，非人也。無是非之心，非人也。

『惻隱之心』卽『不忍人之心』。此心既爲人所同具，則無此心者卽非人矣。因而推論及於『羞惡』、『辭讓』、『是非』之心。惡，去聲。『是非之心』，謂辨別是非之心。

『惻隱之心，仁之端也。羞惡之心，義之端也。辭讓之心，禮之端也。是非之心，智之端也。人之有是四端也，猶其有四體也。有是四端而自謂不能者，自賊者也。謂其君不能者，賊其君者也。

乍．猶忽也．怵惕．驚動貌．惻．傷之切也．隱．痛之深也．此卽所謂不忍人之心也．內結．要．求．聲．名也．言乍見之時．便有此心．隨見而發．非由此三者而然也．程子曰．滿腔子是惻隱之心．謝氏曰．人須是識其真心．方乍見孺子入井之時．其心怵惕．乃真心也．非思而得．非勉而中．天理之自然也．內交．要譽．惡其聲而然．卽人欲之私矣．

惡．去聲．下同．羞．恥己之不善也．惡．憎人之不善也．辭．解使去己也．讓．推以與人也．是知其善而以爲是也．非知其惡而以爲非也．人之所以爲心．不外乎是四者．故因論惻隱而悉數之．言人若無此．則不得謂之人．所以明其必有也．

惻隱．羞惡．辭讓．是非．情也．仁義禮智．性也．心．統性情者也．端．緒也．因其情之發．而性之本然．可得而見．猶有物在中．而緒見於外也．

四體・四肢、人之所必有者也・自謂不能者・物欲蔽之耳・

端，是一件事物的起頭。仁，是愛人無私的心，也就是『推己及人』『惻隱』，既由於純粹的同情，故是『仁』的起頭。義是做應該做的事。人做了錯事，總覺得自己慚愧，見人做了錯事，就要厭惡他，這是人的本性，也是『義』的起頭。人家給我東西，我總要推辭，與人同在一處，總要謙讓，這是禮的起頭。是非之心，所以辨別一切，故是智的起頭。四體，就是四肢。人的心中有仁義禮智四端，猶之身上有手足四肢，都是生來俱有的。不能言不能有此四端。『賊』害也。

『凡有四端於我者，知皆擴而充之矣；若火之始然，泉之始達。苟能充之，足以保四海；苟不充之，不足以事父母。』

擴・音廓・擴・推廣之意・充・滿也・四端在我・隨處發見・知皆卽此推廣・而充滿其本然之量・則其日新又新・將有不能自已者矣・能由此而遂充之・則四海雖遠・亦吾度內・無難保者・不能充之・則雖事之至近而不能矣・此章所論人之性情・心之體用・本然全具・而各有條理如此・學者於此・反求默識而擴充之・則天之所以與我者・可以無不盡矣・程子曰・人皆有是心・惟君子爲能擴而充之・不能然者・皆自棄也・然其充與不充・亦在我而已矣・又曰・四端不言信者・旣有誠心爲四端・則信在其中矣・愚按四端之信・猶五行之土・無定位・無成名・無專氣・而水火金木・無不待是以生者・故土於四行・無不在於四時・則寄王焉・其理亦猶是也・

擴音廓，推廣也。充，滿也。『然』同『燃』。泉流出去叫做達。星星之火，可以燎原；涓涓之流，可成江河；故以此此四端之擴充，保四海保天下也。古先聖王能以仁心行仁政，故可以保四海之民，皆擴充此四端之效。

〔五〕與人爲善

這章書是孟子說聖賢好善的誠心沒有窮盡。

喜其得聞而改之・其勇於自修如此・周子曰・仲由喜聞過・令名無窮也・今人有過・不喜人規・如諱疾而忌醫・寧滅其身而無悟也・噫・程子曰・子路人告之以有過則喜・亦可謂百世之師矣・

書曰・禹拜昌言・蓋不待有過・而能屈己以受天下之善也・

舍・上聲・樂・音洛・

言舜之所爲・又有大於禹與子路者・善與人同・公天下之善而不爲私也・己未善・則無所繫吝・而舍以從人・人有善・則不待勉強・而取之於己・此善與人同之目也・舜之側微・耕於歷山・陶於河濱・漁於雷澤・與・猶許也・助也・取彼之善・而爲之於我・則彼益勸於爲善矣・是我助其爲善也・能使天下之人・皆勸於爲善・君子之善・孰大於此・

此章言聖賢樂善之誠・初無彼此之間・故其在人者有以裕於己・在己者有以及於人・

孟子曰：『子路，人告之以有過，則喜。禹聞善言，則拜。大舜有大焉：善與人同，舍己從人，樂取於人以爲善。自耕稼陶漁以至爲帝，無非取於人者。取諸人以爲善，是與人爲善者也。故君子莫大乎與人爲善。』

此章係孟子說子路禹舜三人的美德。言子路樂聞自己的過失。禹即夏禹，尚書皐陶謨曰：『禹拜昌言。』昌言，即善言也。大舜是虞代的聖君。『有，』同『又，』謂舜之德更大也。『善與人同』者，視人家的善，猶自己的善也。善與人同，故能『舍己從人，樂取於人以爲善。』朱注云：『舜之側微，耕于歷山，陶于河濱，漁于雷澤。』陶，製造過瓦器也。後受堯禪爲帝。言舜一生之善，無非取於人者。『諸』之於也。『與人爲善』之『與，』許也，助也。取人之善，則人益勸，故曰『與人爲善。』此朱子說。焦氏正義則謂『與人爲善』即『善與人同，』言與人同爲善也。說亦可通。

〔六〕　人和爲貴

這章書是孟子說要得天下，首先要得民心。

孟子曰：『天時不如地利，地利不如人和。三里之城，七里之郭，環而攻之而不勝；夫環而攻之，必有得天時者矣，然而不勝者，是天時不如地利也。城非不高也，池非不深也，兵革非不堅利也，米粟非不多也，委而去之，是地利不如人和也。故曰：域民不以封疆之界，固國不以山谿之險，威天下不以兵革之利。得道者多助，失道者寡助。寡助之至，親戚畔*之；多助之至，天下順之。以天下之所順，攻親戚之所畔*；故君子有不戰，戰必勝矣！』

天時・謂時日支干孤虛王相之屬也・地利・險阻城池之固也・人和・得民心之和也・

夫・音扶・三里七里・城郭之小者・郭・外城環圍也・言四面攻圍・曠日持久・必有值天時之善者・革・甲也・粟・穀也・委棄也・言不得民心・民不爲守也・域・界限也・言不戰則已・戰則必勝・尹氏曰・言得天下者、凡以得民心而已・

『天時，』古時豫備戰爭，都先用占卜方法，選定一出兵的吉日。『地利，』指城池山川之固而言。『人和，』謂人民與國君上下一心。郭、外城也。『三里，』『七里，』言其城郭之小。環，圍也。池，即城外的護城河。兵，兵器；革，甲也。堅指甲；利指兵。委，棄也。孟子以『天時』、『地利』、『人和』三者相比，明

〔七〕辭受之道

這章書是孟子說明君子的一辭一受，都是論理而不是隨意的。

陳臻*問曰：「前日於齊，王餽*兼金一百而不受。於宋，餽七十鎰*而受。於薛*，餽五十鎰而受。前日之不受是，則今日之受非也；今日之受是，則前日之不受非也：夫子必居一於此矣。」孟子曰：「皆是也。當在宋也，予將有遠行，行者必以贐*，辭曰「餽贐」，予何爲不受？當在薛也，予有戒心，辭曰「聞戒，故爲兵餽之」，予何爲不受？若於齊，則未有處也。無處而餽之，是貨之也。焉*有君子而可以貨取乎？」

陳臻，孟子弟子。餽，贈送也。金，指社會上通用的銀子。古時金、銀、銅、都稱金，兼金者，最好的銀子。鎰，古

陳臻・孟子弟子・兼金・好金也・其價兼倍於常者・一百・百鎰也・皆適於義也・贐・徐刃反・贐・送行者之禮也・爲兵之爲・去聲・時人有欲害孟子者・孟子設兵以戒備之・薛君以金餽爲孟子兵備・辭曰・聞子之有戒心也・焉・於虔反・無遠行戒心之事・是未有所處也・取・猶致也・尹氏曰・言君子之辭受取予・惟當於理而

已。

時衡名。一鎰，爲二十四兩。「辭，」指餽金時的言辭。「贐，」或作「費，」音習卬切送行者所贈的旅費的叫做「贐。」「餽贐」猶今云送程儀也。戒備，戒也。孟子在薛，有人欲害之。兵，所以戒不虞。薛餽金時云：「聞有戒備，故餽金爲設兵備之用也，」處，卽「於義未有所處」的意思。「貨之」謂以金錢收買之也。「焉，」平聲，副詞。言君子豈可以金錢收買而得之也。

〔八〕 民牧失伍

這章書是孟子說君臣都要把愛恤人民做自己的本職。

孟子之平陸，謂其大夫曰：「子之持戟之士，一日而三失伍，則去之否乎？」曰：「不待三。」「然則子之失伍也亦多矣！凶年饑歲，子之民，老羸轉於溝壑，壯者散而之四方者，幾千人矣。」曰：「此非距心之所得爲也。」

去・上聲・平陸・齊下邑・大夫・邑宰也・戟・有枝兵也・士・戰士也・伍・行列也・去之・殺之也・幾・上聲・子之失伍・言其失職・猶士之失伍也・距心・大夫名・對言此乃王之失政使然・非我所得專爲也・

之，往也。平陸，齊國的邊邑。大夫，邑宰也。持戟之士，執兵器的衛士也。「失伍，」謂值班守衛時無故不到也。「伍」爲行列，「去之」爲殺之，「去之」罷免之也。此閻若璩說。趙朱均以「士」爲戰士，「伍」爲行列，「去之」爲殺之，不如閻說爲合情理。「不待三，」言「不到第三次，便令出伍」也。羸，弱也。距心，姓孔，是平陸的大夫。

爲・去聲・死與之與・平聲・牧之・養之也・牧・牧地也・芻・草也・孟子言若不得自專・何不致其仕而去・

見・音現・爲王之爲・去聲・爲都・治邑也・邑有先君之廟曰都・孔・大夫姓也・爲王誦其語・欲以風曉王也・陳氏曰・孟子一言・而齊之君臣舉知其罪・固足以興邦矣・然齊卒不得爲善國者・豈非說而不繹・從而不改故邪・

言此乃齊王之政，非大夫所得擅，故曰『非距心所得爲』。

曰：『今有受人之牛羊而爲之牧之者，則必爲之求牧與芻矣。求牧與芻而不得，則反諸其人乎？抑亦立而視其死與？』曰：『此則距心之罪也。』

此孟子又設譬對孔距心言也。『牧之』之『牧』，即畜牧。『求牧』之『牧』，牧地也。芻，餵羊之草。『反諸其人』，以羊還主人也。抑，轉折連詞，猶今云『還是』。『與』同『歟』。

他日，見於王曰：『王之爲都者，臣知五人焉。知其罪者，惟孔距心。』爲王誦之。王曰：『此則寡人之罪也。』

見於王，孟子見齊王也。爲，治也。都，邑也。『爲都者』，即治理一邑的大夫。『誦之』，傳述與孔距心問答之言也。

〔九〕　舍我其誰　這章書是孟子自表他的憂世心切。

孟子去齊。充虞路問曰：「夫子若有不豫色然？前日，虞聞諸夫子曰：『君子不怨天，不尤人。』」曰：「彼一時，此一時也。五百年必有王者興，其間必有名世者。由周而來，七百有餘歲矣。以其數，則過矣；以其時考之，則可矣。夫天，未欲平治天下也；如欲平治天下，當今之世，舍我其誰也？吾何爲不豫哉！」

充虞，是孟子弟子。路問者，在路上問孟子也。不豫色，是不愉快的面色。『君子不怨天，不尤人，』本是孔子之言。名世，謂王者之佐，德業聲名，爲世所重者。『以其數則過矣，』言周已來已有七百餘歲，則已超過五百歲之期矣。『夫』音扶。言如天意欲平治天下，則當今之世，名世之人，非已莫屬也。『舍』同『捨』。

路問・於路中問也・豫・悅也・尤・過也・此二句・實孔子之言・蓋孟子嘗稱之以敎人耳・彼・前日・此・今日・自堯舜至湯・自湯至文武・皆五百餘年而聖人出・名世・謂其人德業聞望・可名於一世者・爲之輔佐・若皋陶・稷・契・伊尹・萊朱・太公望・散宜生之屬・周・謂文武之間・謂五百年之期・時・謂亂極思治・可以有爲之日・於是而不得一有所爲・此孟子所以不能無不豫也・夫・音扶・舍・上聲・言當此之時・而使我不遇於齊・是天未欲平治天下也・然天意未可知・而其具又在我・我何爲不豫哉・然則孟子雖若有不豫然者・而實未嘗不豫也・蓋聖賢憂世之志・樂天之誠・有並行而不悖者・於此見矣・

〔問題〕（一）孟子言以齊王猶反手，何故？

（二）北宮黝孟施舍養勇之法，與曾子所論大勇有何不同？
（三）告子不動心之道如何？
（四）孟子養氣之說如何？
（五）何謂『勿忘』『勿助長』？
（六）何謂『知言』？
（七）伯夷伊尹孔子之異同何在？
（八）王與霸有何分別？
（九）何謂『四端』？何以知為人所同具？
（十）『地利』何以不如『人和』？
（十一）孟子受宋薛所餽之金，而獨不受齊餽，何故？

滕文公篇

（一）道一而已

這章書是孟子勉勵滕文公盡自己的本性，學堯舜治國。

世子・太子也・道・言也・性者・人所稟於
有卑近易行之說也・孟子知之・故但告之

滕文公為世子，將之楚，過宋而見孟子。孟子道性善，

為者亦若是！』公明儀曰：『文王我師也。』周公豈

欺我哉！」今滕，絕長補短，將五十里也；猶可以為善國。書曰：「若藥不瞑眩，厥疾不瘳。」

『世子』，仍指滕文公。『夫道，一而已矣』者，言別無卑淺易行之道也。蓋人之才質容有不齊，故或『生知』、『安行』，或『學知』『利行』，或『困知』『勉行』，但及其知之，及其成功則一也。（見中庸）世子之意，殆亦如公孫丑之羨道之高且美而又疑其不可幾及，欲降而求其次；孟子此答，亦不能為拙工改繩墨，為拙射變彀率之意。成覸，古之勇士，淮南子齊俗訓及史記范雎傳作『成荊』，漢書廣川王傳作『成慶』，謂齊景公者，與人言齊景公也。『彼』卽指景公。成覸所云，卽北宮黝『無嚴諸侯』之意。孟子引之，亦與上篇論『不動心』引北宮黝、孟施舍二人同。朱注謂『彼』指聖賢，未是。顏淵，孔子弟子。公明儀亦見禮記檀弓及祭義，祭義注以為曾子弟子。朱注云：『「文王我師也」，蓋周公之言。公明儀蓋亦以文王為必可師，故誦周公之言，而歎其不我欺也。』『絕』同『截』。就滕國地形截其長以補其短，約可方五十里，言其國之小也。但雖小國，尚可以為善國。『若藥……』二句，見偽古文尚書說命篇，國語楚語亦以為武丁命傅說語而引之。瞑眩，目眩暈，視不明也。『瘳』音抽，病愈也。藥力大者，服之則瞑眩，但非此不能愈病。蓋以病者不憚服藥為喻，戒文公勿以堯舜之道為難能而行之也。

如此，以明古今聖愚本同一性，前言已盡，無復有他說也。覸，古莧反。成覸，人姓名。彼，謂聖賢也。有為者，亦若是，言人能有為，則皆如舜也。公明，姓，儀，名，魯賢人也。文王我師也，蓋周公之言。公明儀亦以文王為必可師，故誦周公之言，而歎其不我欺也。孟子既告世子以道無二致，而復引此三言以明之，欲世子篤信力行，以師聖賢，不當復求他說也。瞑，莫田反。眩，音縣。絕，猶截也。書，商書說命篇。瞑眩，憒亂。言滕國雖小，猶足為治。但恐安於卑近，不能自克，則不足以去惡而為善也。愚按孟子之言性善，始見於此，而詳具於告子篇。然默識而旁通之，則七篇之中，無非此理。其所以擴前聖之未發．而有功於聖人之門．程子之言信矣．

〔二〕匡許行君民並耕之說

這章書是孟子拿堯舜治天下的道理，力闢異端。

有爲神農之言者許行，自楚之滕，踵門而告文公曰：『遠方之人聞君行仁政，願受一廛而爲氓。』文公與之處。其徒數十人，皆衣褐，捆屨織席以爲食。

爲，治也，猶今云研究。許行爲農家，治神農之言。神農上古之帝王。漢書藝文志農家有神農二十篇。班固自注云：『六國時，諸子疾時怠於農業，道耕農事，託之神農。』蓋當時農家多依託神農，不但許行爲然也。商子畫策篇云：『神農之世，公耕而食，婦織而衣，不用刑政而治。』北堂書鈔引尸子云：『神農氏並耕而食。』呂氏春秋愛類篇述神農之教，亦言身親耕，妻親績。許行主張君臣並耕，而託之神農之言，蓋因當時本有此種傳說耳。周秦諸子各創學說，皆欲以改制救世。但孔孟言堯舜，墨子宗夏禹，道家祖黃帝，所以必託之古人者，以世俗之人多貴古賤今，非如此不能動人也。（說見韓非子顯學篇）許行，楚人，故自楚往滕。踵門，親至門也。廛，民宅。氓，卽民也。『與之處』者，給以住宅也。褐，麤毛布，賤者所服。『衣』去聲，穿也。捆，織也。（見說文）屨，麻鞋。朱注從趙注，訓『捆』爲『扣椓』，謂織屨欲其堅，故扣椓之。言其徒以織屨席爲業，賣以供食也。

陳良之徒陳相，與其弟辛負耒耜而自宋之滕，曰：『

衣．去聲．捆．音閫．神農．炎帝神農氏．始爲耒耜．教民稼穡者也．爲其言者．史遷所謂農家者流也．許姓．行．名也．踵門．足至門也．仁政．上章所言井地之法也．廛．民所居也．氓．野人之稱．褐．毛布．賤者之服也．捆．扣椓之．欲其堅也．以爲食．賣以供食也．程子日．許行所謂神農之言．乃後世稱述上古之事．失其義理者耳．猶陰陽醫方稱黃帝之說也．陳良．楚之儒者．耜．所以起土．耒．其柄也。

聞君行聖人之政，是亦聖人也，願為聖人氓。」 耒，音類。耜，音似。

陳相，為陳良之弟子，陳辛則陳相之弟也。耒耜，農具。從宋國來到滕國，願為滕君之民。觀許行陳相之至自楚宋，可以推想當時文公初行仁政，便有四方之人皆悅而願為之氓之效。

饔・音雍・飧音孫・惡・平聲・
饔飧・熟食也・朝日饔・夕日飧・言當自炊爨以為食・而兼治民事也・厲・病也・許行此言・蓋欲陰壞孟子分別君子野人之法・
衣・去聲・與・平聲・

陳相見許行而大悅，盡棄其學而學焉。陳相見孟子，道許行之言曰：「滕君，則誠賢君也。雖然，未聞道也。賢者與民並耕而食，饔飧而治。今也滕有倉廩府庫，則是厲民而以自養也，惡得賢？」 饔，音雍。飧，音孫。惡，音烏。

陳相見了許行，非常悅服，把從前受於其師陳良的學說都棄掉了，去學許行的學說，故來見孟子時，即述許行之言也。朝飯叫『饔』，夜飯叫『飧』。『並耕而食饔飧而治』，言當與民並耕，自己炊爨而食，兼治民事也。積米穀的曰倉廩，藏銀錢的曰府庫。厲，害也。言在滕國仍有積滿米穀的倉廩，積滿錢財的府庫，這就是害民以奉養自己，那裏算得賢呢？惡，平聲，安也。

孟子曰：「許子必種粟而後食乎？」曰：「然。」「許

釜・所以煮・
甑・所以炊・
爨・然火也・
鐵・耜屬也・
此語八反・皆孟子問而陳相對也・

合・去聲・
此孟子言而陳相對也・械器・釜甑之屬也・陶・爲甑者

子必織布而後衣乎？」曰：「否，許子衣褐。」「許子冠乎？」曰：「冠。」曰：「奚冠？」曰：「冠素。」曰：「自織之與*？」曰：「否，以粟易之。」曰：「許子奚爲不自織？」曰：「害於耕。」

許子，孟子稱許行也。言許子必自己種粟而後食之乎？必自己織布而後衣之乎？「衣褐」者，言許子所穿的是毛布，不是普通的布也。素，白色生絹也。「冠素」者以生絹製冠也。「與」同「歟」。孟子問許子所衣之褐與製冠之素都是自己織的嗎？奚，何也。孟子又問「許子爲什麼不自己織也」。

曰：「許子以釜*甑*爨*，以鐵耕乎？」曰：「然。」「自爲之與*？」曰：「否，以粟易之。」

釜，是鐵製的烹飪器具，即今之鑊或鍋。甑，是陶製的烹飪器具，即今之瓦罐。爨，煮飯燒菜也。「鐵」指用鐵製的農器。「與」同「歟」。孟子又問「許子煮食的釜甑和耕田的農器是自己製成的嗎？」

「以粟易械器者，不爲厲陶冶；陶冶亦以其械器易粟者，豈爲厲農夫哉？且許子何不爲陶冶，舍皆取諸

・冶・為釜鐵者・舍・止也・或讀屬上句・舍・謂作陶冶之處也・

・與・平聲・食音嗣・此以下・皆孟子言也・路・謂奔走道路・無時休息也・治於人者・見治於人也・食人者・出賦稅以給公上也・食於人者・見食於人也・此四句・皆古語・而孟子引之也・君子無小人則飢・小人無君子則亂・

其宮中而用之?何為紛紛然與百工交易?何許子之不憚煩?」曰:「百工之事,固不可耕且為也。」

孟子因陳相言許子之褐、素、釜、甑、農具之類,皆不自製而以粟易之,乃駁之也。陶,製造瓦器者;冶,製造鐵器者。械器,指釜甑耒耜等物。朱注云:『舍,止也。或讀句屬上,「舍」謂作陶冶之處也。』按朱注所舉二解均未安。錢玄同先生謂『舍』即今浙江紹興方言之『啥』,意即『什麼』;言無論什麼都可取之於他的家中而用之也。其說甚精。古時凡居室皆可稱『宮』。秦始皇以後,『宮』字始專指帝王所居。『不憚煩』,猶說不怕厭煩。以上孟子向陳相問許子的生活情形,所以絮絮不休者,全在逼出『百工之事不可耕且為』的一語。下文便以此語為根據,說出一番大道理來。

「然則治天下獨可耕且為與?*有大人之事,有小人之事。且一人之身,而百工之所為備。如必自為而後用之,是率天下而路也。故曰:『或勞心,或勞力。』勞心者治人,勞力者治於人。治於人者食人,*治人者食於人,天下之通義也。

此節仍是孟子之言。『與』,同『歟』。『百工之事既不可耕且為,則治天下獨可耕且為乎?』『大人』

以此相易・正猶農夫與陶冶・以粟與械器相易・乃所以相濟・而非所以相病也・治天下者・豈必耕且爲哉・

瀹・音藥・濟・子禮反・漯・佗合反・

天下猶未平者・洪荒之世・生民之害多矣・聖人迭興・漸次除治・至此尙未盡平也・洪・大也・橫流・不由其道而散溢妄行也・氾濫・橫流之貌・暢茂・長盛也・繁殖・衆多也・

卽上章所謂『君子』治人者也；『小人』卽上章所謂『野人』，治於人者也。治天下，大人之事也；耕稼，小人之事也。一人之身，衣食住行各方面備具百工之所爲；如必一切自爲而後用之，則是率天下之人而路也。趙注云：『是率導天下之人以羸路也。』『路』與『露』通。『羸露』謂瘦瘠暴露。朱注云：『路謂奔走道路，無時休息也。』與趙說異。管子四時篇云：『不知五穀之故，國家乃路。』房注云：『路謂失其常居。』失其常居者，言日常生活亦不得安也。一人既不能兼爲百工之事，故分工互助爲人類生活之原則。耕織陶冶之類，爲體力的勞動；政治教育之類，爲精神的勞動；其爲人類社會工作則一也。左傳襄公九年記知武子語，國語魯語記公父文伯之母語，皆云：『君子勞心，小人勞力，先王之制也。』是『勞心勞力』古有此語，故加『故曰』。『食』音飼。食人，謂耕稼以養人；食於人，謂爲人所養。——此就理論上駁許行君民並耕之說也。

『當堯之時，天下猶未平，洪水橫流，氾濫於天下。草木暢茂，禽獸繁殖。五穀不登，禽獸偪人，獸蹄鳥跡之道，交於中國；堯獨憂之，舉舜而敷治焉。舜使益掌火，益烈山澤而焚之，禽獸逃匿。禹疏九河，瀹濟漯而注諸海；決汝漢，排淮泗而注之江。然後中國可得而食也。當是時也，禹八年於外，三過其門而不入，雖欲耕得乎？

五穀·稻黍稷麥菽也·登·成熟也·道·路也·獸蹄鳥跡·交於中國·言禽獸多也·敷·布也·益·舜臣名·烈·熾也·禽獸逃匿·然後禹得施治水之功·疏·通也·分也·九河·曰徒駭·曰太史·曰馬頰·曰覆釜·曰胡蘇·曰簡·曰潔·曰鉤盤·曰鬲津·瀹·亦疏通之意·濟漯·二水名·決排·皆去其壅塞也·汝漢淮泗·亦皆水名也·據禹貢及今水路·惟漢水入江耳·汝泗則入淮·而淮自入海·此謂四水皆入於江·記者之誤也·

堯的時候，有洪水之災。洪水，大水；橫流，不由其道；氾濫，陸上到處是水也。暢茂，長盛也；繁殖，生殖繁多也。登，成熟也。『偪』同『逼』。印着禽獸的蹄跡的道路，縱橫於中國，言禽獸多，且逼人也。帝堯獨以此爲憂，遂舉了舜出來，叫他敷治。敷治，敷分也。堯一人獨憂之，不能一人獨治之，故舉舜而分治焉。下文益掌火，禹治水，后稷教民稼穡，契司教育，即分治也。烈，熾也。烈而焚之，猶云燃火以燒之。燒去山澤中之草木，以驅禽獸也。疏，分導也。『疏九河，』即禹貢之『播爲九河。』九河者，徒駭、太史、馬頰、覆釜、胡蘇、簡、潔、鉤盤、鬲津也。蓋分黃河下流爲九道，一以殺水勢；一則每年可以濬一河之淤，周而復始，使不致壅塞也。瀹，亦疏通之意。『漯，』音『塔。』決，排，皆濬淤導水也。濟漯入海，汝漢入長江。朱子謂據禹貢及今水路入江者僅漢水；汝泗皆入淮，而淮自入海；此云四水皆入江，乃記者之誤。按禹貢無汝水，漢書地理志言汝水入淮；孫蘭輿地偶說，孫星衍分江導淮論，則謂淮泗合流之後，有由廬州巢湖胭脂河入江者，有由天長六合入江者；其本流則至靖江浦入海。『排』者，通其上游支流以殺水勢也。可以證孟子之非誤。洪水既平，中國之地然後可耕而食。

契·音薛·别·彼列反·長·放·並上聲·勞·來·皆去聲·言水土平·然

『后稷教民稼穡*，樹藝五穀。五穀熟而民人育。人之有道也，飽食煖衣，逸居而無教，則近於禽獸。聖人有*

後得以教稼穡・衣食足・然後得以施教化・后稷・官名・棄爲之・然言教民・則亦非並耕矣・樹・亦種也・藝・植也・契・亦舜臣名也・司徒・官名也・人之有道・言其皆有秉彝之性也・然無教・則亦放逸怠惰而失之・故聖人設官而教以人倫・亦因其固有者而道之耳・書曰・天敘有典・勅我五典五惇哉・此之謂也・放勳・本史臣贊堯之辭・孟子因以爲堯號也・德・猶惠也・堯言勞者勞之・來者來之・邪者正之・枉者直之・輔以立之・翼以行之・使自得其性矣・又從而提撕警覺以加惠焉・不使其放逸怠惰而或失之・蓋命契之辭也・夫・音扶・易・去聲・易・治也・堯

憂之，使契爲司徒，教以人倫：父子有親，君臣有義，夫婦有別，長幼有序，朋友有信。放勳曰：「勞之來之，匡之直之，輔之翼之，使自得之；又從而振德之。」聖人之憂民如此，而暇耕乎？

后稷，是管農事的官名，按尙書堯典那時候做后稷的人名棄，是周朝的始祖。稼穡，農藝也。樹藝，種植也。育，養也。『人之有道也』與本篇第三章『民之爲道也』同。『有』、『爲』古通用。『有憂之』者，『又憂之』也。上云『堯獨憂之』，故此云『又憂之』。『契』，音薛，人名，商朝的始祖。司徒，掌教育之官。契爲司徒，亦見堯典。放勳，堯之號。『曰』，『曰』一作『日』，『日』言堯日日勞來匡直輔翼之。（見焦循正義據孫奭孟子音義）『來』，亦作『勑』。爾雅：『勞來，勤也。』『勞之來之』，謂勉之以勤；『匡之直之』，謂正之以義；『輔之翼之』，謂助之以教化；使能自得其本善之性也。振，救也。振德，謂加惠窮民，救其困乏也。朱注則云：『又從而提撕警覺以加惠焉。』蓋以『提撕』訓『振』，『加惠』訓『德』，以『放勳曰』以下云云，爲命契之辭也。

「堯以不得舜爲己憂，舜以不得禹、皋陶爲己憂。夫以百畝之不易爲己憂者，農夫也。分人以財謂之惠，教人以善謂之忠，爲天下得人者謂之仁。是故以天下與人易，爲天下得人難。孔子曰：「大哉堯之爲君！惟天爲大，惟堯則之。蕩蕩乎民無能名焉！君哉舜也！巍巍乎，有天下而不與焉！」堯舜之治天下，豈無所用其心哉？亦不用於耕耳。

舜之憂民・非事事而憂之也・急先務而已・所以憂民者・其大如此・則不惟不暇耕・而亦不必耕矣・

爲・易・並去聲・

分人以財・小惠而已・敎人以善・雖有愛民之實・然其所及・亦有限而難久・惟若堯之得舜・舜之得禹皋陶・乃所謂爲天下得人者・而其恩惠廣大・敎化無窮矣・此其所以爲仁也・

與・去聲・

則・法也・蕩蕩・廣大之貌・君哉・言盡君道也・巍巍・高大之貌・不與・猶言不相關・言其不以位爲樂也・

『皐』音『高』，『陶』讀如『遙』。皐陶爲士，掌司法，亦見堯典。『不易』之『易』去聲，即『易其田疇』之易，治也。『與人易』之『易』亦去聲，爲『難易』之易。『爲天下』之『爲』去聲。則，效法也。言堯能取法乎天。蕩蕩，大貌。『民無能名』者，言民不能指其德而名之也。『君哉』言其能盡人君之道的也。巍巍，高貌。不與，猶言不相關。言舜雖然得了天下，卻像毫不相關，只以救民爲心，並不以天子的地位自足也。所引孔子語，與論語泰伯篇所記略異。——此又引歷史事實以駁許行君民並耕之說也。

此以下・責陳相倍師而學許行也・夏・諸夏・禮義之教也・變夷・變化蠻夷之人也・變於夷・反見變化於蠻夷之人也・產・生也・陳良生於楚・在中國之南・故北遊而學於中國也・先・過也・豪傑・才德出衆之稱・言其能自拔於流俗也・倍與背同・言陳良用夏變夷・陳相變於夷也・

任・平聲・彊・上聲・暴・蒲木反・皜・音杲・

三年・古者爲師・心喪三年・若喪父而無服也・任・擔也・場・冢上之壇場也・有若似聖人・蓋其言行氣象有似之

「吾聞用夏變夷者，未聞變於夷者也。陳良，楚產也。悅周公仲尼之道，北學於中國；北方之學者，未能或之先也。彼所謂豪傑之士也。子之兄弟，事之數十年，師死而遂倍之。昔者，孔子沒，三年之外，門人治任將歸，入揖於子貢，相嚮而哭，皆失聲，然後歸。子貢反，築室於場，獨居三年，然後歸。他日，子夏、子張、子游以有若似聖人，欲以所事孔子事之，彊曾子。曾子曰：『不可。江漢以濯之，秋陽以暴之，皜皜乎不可尚已！』今也南蠻鴃舌之人，非先王之道，子倍子之師而學之，亦異於曾子矣。吾聞出於幽谷遷于喬木者，未聞下喬木而入於幽谷者。魯頌曰：『戎狄是膺，荊舒是懲。』周公方且膺之，子是之學，亦為不善變矣！」

者・如檀弓所記・子游謂有若之言似夫子・所之類是也・所事孔子・所以事夫子之禮也・・江漢水多・言濯之潔也・秋日燥烈・言暴之乾也・皜皜・潔白貌・尙・加也・言夫子道德明著・光輝潔白・非有若所能彷彿也・或曰此三語者・孟子贊美曾子之辭也・鴃・亦作鵙・古役反・鴃・博勞也・惡聲之鳥・南蠻之聲似之・指許行也・小雅伐木之詩云・伐木丁丁・鳥鳴嚶嚶・出自幽谷・遷于喬木・

孟子駁許行君民並耕之說既竟，乃復責陳相背其師陳良而去學許行也。夏指中國，夷指蠻夷。夏，是文明的民族，應該把文化去啓導野蠻民族，使他也變成文明；從不曾聽說文明民族反顧變成野蠻的。故曰：『吾聞用夏變夷者，未聞變於夷者也。』產，生也。『楚產』即是生長於楚國。周公孔子之道，儒家之道也。那時候，楚國稱荊蠻，尙無文化，故陳相特地到中國來求學。北方的學人，沒有一個趕得上他。不爲地方習俗所囿，力求上進，故稱之爲豪傑之士。子之兄弟，指陳相陳辛兩人。『倍』同『背』。任，擔也。『治任』，整治行李也。子貢主辦孔子喪事，故門人入揖告辭。『嚮』，今亦作『向』。相嚮，相對也。失聲，悲極、哭不成聲也。反者，子貢送別了衆人同來。場，冢旁空地。子貢築室於孔子墓旁，獨住三年，然後去也。子夏、子張、子游，以有若似聖人者，如檀弓所記，子游謂有若之言似夫子，史記仲尼弟子傳謂有若狀似夫子之類。彊，上聲，勉強也。濯，音濁，洗滌也。周正建子，其七八月，即夏正建寅之五六月；其秋，即夏正之夏。秋陽，夏日也。『暴』同『曝』。朱注云：『皜皜，潔白貌。尙，加也。』朱意蓋謂濯以江漢，曝以秋陽，故潔白無以復加。焦氏正義則謂『皜』通『顥』，言孔子之德如天之元氣顥顥也。尙，上也。『不可上』，即子貢所謂『如天之不可階而升』。江漢非池沼可擬，秋陽非爝燎之倫；蓋以江漢秋陽及天比孔子云。說亦可通。『鴃』音決，是一種小鳥。『鴃舌之人』，謂口音特別，講話像鳥聲的人。南蠻，指楚。『南蠻鴃舌之人』，指許行。其並耕之說，亦非先王之道也。幽谷，即很深的山谷，指黑暗低下的地方。喬木，即高大的樹木，指光明高大的地方。詩經小雅伐木云：『出自幽谷，遷於喬木。』孟子用其意爲喻。魯頌，是魯國的頌詩。所引，見魯頌閟宮篇。膺，擊也，伐也。荊，即楚。舒，古國名，近楚者也。懲，猶今云『懲戒』。言周公所伐者戎狄，所懲者荊舒。朱子謂閟宮本頌僖公，孟子以指周公，是斷章取義。翟灝孟子考異則謂閟宮一詩，第七第八二章，方頌僖公，此在第四章，確指周公。

魯頌．閟宮之篇也．膺．擊也．荆．楚本號也．舒．國名．近楚者也．懲．艾也．按今此詩爲僖公之頌．而孟子以周公言之．亦斷章取義也．

「從許子之道，則市賈不貳，國中無僞。雖使五尺之童適市，莫之或欺。布帛長短同，則賈相若；麻縷絲絮輕重同，則賈相若；五穀多寡同，則賈相若；屨大小同，則賈相若。」曰：「夫物之不齊，物之情也。或相倍蓰，或相什伯，或相千萬。子比而同之，是亂天下也。巨屨小屨同賈，人豈爲之哉？從許子之道，相率而爲僞者也，惡能治國家？」

賈．音價．下同．陳相又言許子之道如此．蓋神農始通市井．故許行又託於神農．而有是說也．五尺之童．言幼小無知也．許行欲使市中所鬻之物．皆不論精粗美惡．但以長短輕重多寡大小爲價也．夫．音扶．蓰．音師．又山綺反．比．必二反．惡．平聲．倍．一倍也．蓰．五倍也．什伯千萬．皆倍數也．比．次也．孟子言物之不齊．乃其自然之理．其有

此陳相又稱贊許子之道以答孟子也。『賈』今作『價』。『貳』同『二』。陳相以爲推行許子的學說能使市價劃一不貳國中的人都不敢作僞，雖使五尺長的童子到市上去買東西決沒有人會欺騙他。許子的主張，對於貨物只問量的多寡而不管質的好壞。故布與帛長短相同價錢就一樣；麻縷絲絮輕重相同價錢就一樣；連五穀也不問牠是米是麥只要容量的多少相同價錢也是一樣。至於所穿的鞋也只須大小相同價錢也是一樣。『曰』字以下又孟子駁陳相之辭。『夫』音『扶』

精粗・猶其有大小也・若大屨小屨同價・則人豈肯爲其大者哉・今不論精粗・使之同價・是使天下之人・皆不肯爲其精者・而競爲濫惡之物以相欺耳・

『物之不齊，物之情也，』是說貨物的不能劃一，正是貨物的實在情形，所以在價值也自然不同了。倍是一倍，蓰是五倍，什是十倍，伯是百倍，千萬是千倍萬倍。比音必二反，次也。現在你們要把牠劃成同一的價錢，是反使天下擾亂了。大的鞋如與小的鞋賣同一價錢，製鞋的人還肯做牠嗎？質料相同的大小不同價尚不能劃一，何況質量本有高低呢？你以爲從許子之道，可以國中無僞，我卻以爲從許子之道，正是使國人相率爲僞，怎能治國家呢？『惡』平聲，何也。

〔三〕 所謂大丈夫

這章書是孟子說明不能因有權勢就算得大丈夫，德業隆盛的人纔是大丈夫。

景春・人姓名・公孫衍・張儀・皆魏人・怒則說諸侯使相攻伐・故諸侯懼也・

爲・於虔反・冠・去聲・女家之女・音汝・加冠於首曰冠・女家・夫家也・婦人內夫家・以嫁爲歸也・夫子・夫也・女子從人・以順爲正道

景春曰：『公孫衍*、張儀，豈不誠大丈夫哉！一怒而諸侯懼，安居而天下熄。』孟子曰：『是焉*得爲大丈夫乎？子未學禮乎？丈夫之冠也，父命之，女子之嫁也，母命之，往送之門，戒之曰：「往之女*家，必敬必戒，無違夫子。」以順爲正者，妾婦之道也。居天下之廣居，立天下之正位，行天下之大道，得志，與民由之；不得志，也．蓋言二子阿諛苟容．竊取權勢．乃妾婦順從之道耳．非丈夫之事也．廣居．仁也．正位．禮也．大道．義也．與民由之．推其所得於人也．獨行其道．守其所得於己也．淫．蕩其心也．移．變其節也．屈．挫其志也．何叔京曰．戰國之時．聖賢道否．天下不復見其德業之盛．但見姦巧之徒．得志橫行．氣燄可畏．遂以爲大丈夫．不知由君子觀之．是乃妾婦之道．何足道哉．

獨行其道。富貴不能淫，貧賤不能移，威武不能屈：此之謂大丈夫。」

景春人名姓。公孫衍卽犀首，衍與張儀都是魏國人，爲縱橫家的主要人物，見史記張儀傳。怒則游說諸侯，使相攻伐，故諸侯懼；安居則各國戰爭之事也就銷滅，故曰「安居而天下熄」也。「是」指衍儀等人。「焉」平聲，安也。丈夫指男子。冠，去聲，行冠禮也。古禮男子二十而冠，始爲成人。「父命之」者，男子冠，父主其事也。此是喻中之賓。「毋命之」者，女子出嫁，母主其事也。「女家」之「女」同「汝」。女子以夫家爲家，故曰汝家。夫子，女之壻也。言女子嫁人，在臨去的時候，母親送她到門口告戒她道：「到你夫家去，必要恭敬，必要謹戒，不可違反丈夫的話。」此是喻中之主。由此可見以順從爲正當的，那是做妾婦之道。這是說公孫衍張儀這種人，只知奉承國王，好像妻妾之奉承丈夫一樣。朱注云：「廣居，仁也。正位，禮也。大道，義也。」「與民由之」，使人民共由此道也。「獨行其道」，安貧樂道，守之不失也。朱注又云：「淫，蕩其心也。移，變其節也。屈，挫其志也。」蓋大丈夫於其道能篤信死守，達不離道，故富貴不能淫；窮不失義，故貧賤不能移；有殺身以成仁，無求生以害義，故威武不能屈：必如此方可謂之大丈夫也。

〔四〕 一傅衆咻

這章書是孟子說國君左右的小人多，君子只有一個，就很難匡正國君。

與・平聲・咻・音休・戴不勝・宋臣也・齊語・齊人語也・傳・教也・咻・讙也・齊・齊語也・莊嶽・齊街里名也・楚・楚語也・此先設譬以曉之也・長・上聲・居州・亦宋臣・言小人衆而君子獨・無以成正君之功・

孟子謂戴不勝曰：「子欲子之王之善與？我明告子：有楚大夫於此，欲其子之齊語也，則使齊人傅諸？使楚人傅諸？」曰：「使齊人傅之。」曰：「一齊人傅之，衆楚人咻之，雖日撻而求其齊也，不可得矣；引而置之莊嶽之間數年，雖日撻而求其楚，亦不可得矣。子謂薛居州善士也，使之居於王所。在於王所者，長幼卑尊昔薛居州也，王誰與爲不善？在王所者，長幼卑尊皆非薛居州也，王誰與爲善？一薛居州獨如宋王何！」

戴不勝，宋大夫。子，指戴不勝；子之王，指宋王。「與」同「歟」。齊語，是齊國的方言。傳，教也。諸，之乎也。撻，責打也。咻，喧擾也。莊嶽，街里名，是齊國繁盛的地方。此以學習方言爲喻。薛居州也是宋國人。所處也。「居於王所」，在宋王左右也。長，上聲。「皆薛居州」，言皆如薛居州爲善士也；「皆非薛居州」，言皆非善士，不像薛居州也。蓋環境移人，其力最大，故近朱者赤，近墨者黑，所謂蓬生麻中，不扶自直；

白沙在泥，不染自黑也。

〔五〕何待來年　這章書是孟子說不合理的事，應當趕快改革，不可延挨。

去・上聲・盈之・亦宋大夫也・什一・井田之法也・關市之征・商賈之稅也・已・止也・

攘・如羊反・攘物自來而取之也・損・減也・知義理之不可・而不能速改・與月攘一雞・何以異哉・

戴盈之曰：「什一，去關市之征，今茲未能；請輕之，以待來年，然後已，何如？」孟子曰：「今有人日攘其鄰之雞者，或告之曰：『是非君子之道。』曰：『請損之，月攘一雞，以待來年，然後已。』如知其非義，斯速已矣，何待來年？」

戴盈之也是宋國的大夫。什一，十分之一也。征，征稅田賦收十分之一，關市譏而不征，是孟子的主張。今茲今年，左傳僖公十六年『今茲魯多大喪，明年齊有亂。』亦以『今茲』與明年對舉。已免除之也。攘偷也。『是非君子之道』言偷雞不是君子之道。損減少也。孟子以攘雞爲喻明非義之事當立卽革除，不必有所待也。

〔六〕予豈好辯哉　這章書是孟子說明好辯乃不得已，要接續聖人後步，排斥邪說。

公都子曰：「外人皆稱夫子好辯，敢問何也？」孟子曰：「予豈好辯哉！予不得已也。天下之生久矣，一治一亂。當堯之時，水逆行，氾濫於中國，蛇龍居之，民無所定，下者爲巢，上者爲營窟。書曰：『洚*水警余。』洚*水者，洪水也。使禹治之，禹掘地而注之海，驅蛇龍而放之菹*；水由地中行，江淮河漢是也。險阻既遠，鳥獸之害人者消，然後人得平土而居之。

好・去聲・下同・一治・去聲・生・謂生民也・一治一亂・氣化盛衰・人事得失・反覆相尋・理之常也・洚・音降・又胡貢胡工二反・水逆行・下流壅塞・故水倒流而旁溢也・下・下地・上・高地也、營窟・穴處也・書・虞書・大禹謨也・洚水・洚洞無涯之水也・警戒也・此一亂也・

菹・側魚反・掘地・掘去壅塞也・菹・澤生草者也・地中・兩涯之間也・險阻・謂水之氾濫也・遠・去也・消・除也・此一治也・

好，去聲。好辯，喜歡和人家辯論也。『天下之生久矣，』言天地間自生有人民以來，已經長久了。『水逆行』者，洪水不循河道，衝到陸地上來也。水既泛濫於大陸，於是水族中蛇龍等物，都跟着大水住到陸地上來了。百姓奔避災害，沒有了一定住所；低下的地方只好架木爲巢，躲在樹上；較高的地方，便在泥土上掘了洞，住在裏面。『洚水警余』見僞古文尚書大禹謨。『洚水』是時候的話，『洪水』是孟子時通行的話，故以洪水釋洚水。掘地，去壅塞以疏導之也。放，逐也。菹，低窪有水草之澤。『水由地中行』者，行於兩岸之中，各循其道也。那就是長江、淮河、黃河、漢水這幾條大川。危險阻害，即指洪水。遠，去也；消，除也。然後一般人民，得到平地而可以安居。此一亂而一治也。

壞，音怪。行，去聲，下同。沛，蒲內反。暴君，謂夏太康、孔甲、履癸、商武乙之類也。宮室，民居也。沛，草木之所生也。澤，水所鍾也。自堯舜沒至此，治亂非一，及紂而又一大亂也。相，去聲。奄，平聲。奄，東方之國，助紂爲虐者也。飛廉，紂倖臣也。五十國，皆紂黨虐民者也。書，周書君牙之篇。丕，大也。顯，明也。謨，謀也。承，繼也。烈，光也。佑，助也。啟，開也。缺，壞也。此一治也。有作之有，讀爲又，古字通用。此周室東

「堯舜既沒，聖人之道衰，暴君代作。壞宮室以爲汙池，民無所安息；棄田以爲園囿，使民不得衣食。邪說暴行又作，園囿汙池沛澤多而禽獸至。及紂之身，天下又大亂。周公相武王，誅紂伐奄，三年討其君；驅飛廉於海隅而戮之，滅國者五十；驅虎豹犀象而遠之，天下大悅。書曰：「丕顯哉文王謨！丕承哉武王烈！佑啟我後人，咸以正無缺。」

宮室，指民居。汙池，是蓄水的大池。沛澤，水草盛處。暴君棄民田以爲園囿，壞民居以爲汙池，故沛澤多也。奄，是東方國名，是助紂爲虐的。飛廉，紂臣，也是助紂爲虐的。所引尚書，見僞古文君牙篇。丕，大也。顯，明也。謨，謀也。承，繼也。烈，功也。佑，助也。啟，開也。咸，皆也。言文王武王，皆以正道佑助開導我後人，而無缺失。此又一亂而一治也。

「世衰道微，邪說暴行有作；臣弒其君者有之，子弒

遷之後・又一亂也・胡氏曰・仲尼作春秋・以寓王法・惇典・庸禮・命德・討罪・其大要皆天子之事也・知孔子者・謂此書之作・遏人欲於橫流・存天理於既滅・爲後世慮至深遠也・罪孔子者・以謂無其位・而託二百四十二年南面之權・使亂臣賊子・禁其欲而不得肆・則戚矣・愚謂孔子作春秋以討亂賊・則致治之法・垂於萬世・是亦一治也・

其父者有之孔子懼,作春秋。春秋天子之事也。是故孔子曰:「知我者其惟春秋乎!罪我者其惟春秋乎!」

『有作,』又作也到了孔子時,天下又一亂。孔子見了這種情形,很覺得憂懼所以做了一部春秋。春秋本是魯國的史書因爲是編年體故取四季之二以爲名。孔子依魯史作春秋旨在糾正亂臣賊子,以筆削褒貶寓王法此天子之事也所以孔子說:『後世曉得我的只在這部春秋責我不應行天子的賞罰的也只在這部春秋』

橫・爲・皆去聲・莩・皮表反・楊朱但知愛身・而不復知有致身之流・故無君・墨子愛無差等・而視其至親・無異衆人・故無父・無父無君則人道滅絕・是亦禽獸而已・公明儀之言・義見首篇・充塞仁義・謂

『聖王不作,諸侯放恣處士橫議,楊朱墨翟之言盈天下。天下之言,不歸楊則歸墨。楊氏爲我,是無君也。墨氏兼愛,是無父也。無父無君,是禽獸也。公明儀曰:「庖有肥肉,廄*有肥馬,民有飢色,野有餓莩,*此率獸而食人也。」楊墨之道不息,孔子之道不著,是邪說誣民,充塞仁義也。仁義充塞,則率獸食人,人將相食。

邪說徧滿．害於仁義也．孟子引儀之言以明楊墨道行．則人皆無父無君．以陷於禽獸．而大亂將起．是亦率獸食人．而人又相食也．此又一亂也

爲．去聲．復．扶又反．

閑．衛也．放．驅而遠之也．作．起也．事．所行．政大體也．孟子雖不得志於時．然楊墨之害自是滅息．而君臣父子之道．賴以不墜．是亦一治也．程子曰．楊墨之害．甚於申韓．佛氏之害．甚於楊墨．蓋楊氏爲我疑於義．墨氏兼愛疑於仁．申韓則淺陋易見．故孟子止闢楊墨．爲其惑世之甚也．佛氏之言近理．又非楊墨之比．所以爲害尤甚．

行．好．皆去聲．

放淫．解見前篇．辭者．說之詳也．承．繼也．三聖．

吾爲此懼，閑先聖之道，距楊墨，放淫辭，邪說者不得作；作於其心，害於其事；作於其事，害於其政。聖人復起，不易吾言矣！

作，興也。放，恣，猶云放縱。橫，逆也，肆也。楊朱墨翟是孟子以前，孔子以後的人。楊朱之書不傳，今惟僞列子有楊朱篇。墨翟有墨子，今存但亦殘缺。孟子又言『楊氏取爲我，拔一毛而利天下，不爲也。墨子兼愛，摩頂放踵利天下爲之。』蓋楊朱爲極端的個人主義，不欲爲社會國家盡力，此云『無君』，猶今言無國家觀念也。墨子主兼愛，以爲愛無差等，愛人之父若其父，故謂之『無父』。儒家之道是『人道』，無父無君非儒家之道，故以爲『非人之道』，而斥之曰『是禽獸也』。所引公明儀語，與梁惠王篇第三章對梁惠王所說同。息，滅也。著，明也。誣，欺罔也。充塞，猶阻塞也。閑，防衛也。距，排抵也。放，驅而遠之也。此孟子自言所以與人辯論，是在息滅邪說，使不至深入人心，害及政事，是出不得已，非好辯也。

「昔者禹抑洪水而天下平，周公兼夷狄，驅猛獸而百姓寧，孔子成春秋而亂臣賊子懼。詩云「戎狄是

膺，荊舒是懲，則莫我敢承』—無父無君，是周公所膺也。我亦欲正人心，息邪說，距詖行，放淫辭，以承三聖者，豈好辯哉？予不得已也。能言距楊墨者，聖人之徒也。』

抑，遏止也。兼，併也。『戎狄是膺，荊舒是懲，』解見許行章。承，當也。『莫我敢承，』言無人敢當我也。無父無君。夷狄之俗，故曰：『是周公所膺也。』詖行，偏詖不正之行，淫辭，放蕩之言。三聖，指禹周公孔子！此節總結上文，而以已距楊墨爲繼三聖之功。末句又謂凡能以言論排斥楊墨等學說的，都是聖人的信徒；則不僅已欲辭而闢之，且望人亦能距之矣。

禹周公孔子也・蓋邪說橫流・壞人心術・甚於洪水猛獸之災・慘於夷狄篡弑之禍・故孟子深懼而力救之・再言豈好辯哉・予不得已也・所以深致意焉・然非知道之君子・孰能眞知其所以不得已之故哉・

言苟有能爲此距楊墨之說者・則其所趨正矣・雖未必知道・是亦聖人之徒也・孟子旣答公都子之問・而意有未盡・故復言此・蓋邪說害正・人人得而攻之・不必聖賢・如春秋之法・亂臣賊子・人人得而誅之・不必士師也・聖人救世立法之意・其切如此・若以此意推之・則不能攻討・而又倡爲不必攻討之說者・其爲邪詖之徒・亂賊之黨可知矣・

尹氏曰・學者於是非之原・毫釐有差・則害流於生民・禍及於後世・故孟子辯邪說如是之嚴・而自以爲承三聖之功也・當是時・方且以好辯目之・是以常人之心・而度聖賢之心也・

〔問題〕（一）何謂『道性善，稱堯舜』？
（二）許行君民並耕之說，其缺點何在？孟子駁之，其說如何？
（三）何謂『大丈夫』？
（四）何謂『月攘一雞？』

（五）楊墨之說何以與儒家不同

離婁篇

〔一〕先王之道（人法兼治）

這章書是孔子說治國要用仁心行仁政，君臣各有責任

孟子曰：「離婁之明，公輸子之巧，不以規矩，不能成方員。師曠之聰，不以六律，不能正五音。堯舜之道，不以仁政，不能平治天下。今有仁心仁聞，而民不被其澤，不可法於後世者，不行先王之道也。故曰：『徒善不足以爲政，徒法不能以自行。』詩云：『不愆不忘，率由舊章。』遵先王之法而過者，未之有也。

離婁·古之明目者·公輸子·名班·魯之巧人也·規·所以爲圓之器也·矩·所以爲方之器也·師曠·晉之樂師·知音者也·六律·截竹爲筩·陰陽各六·以節五音之上下·黃鐘·太蔟·姑洗·蕤賓·夷則·無射·爲陽·大呂·夾鐘·仲呂·林鐘·南呂·應鐘·爲陰也·五音·宮·商·角·徵·羽也·范氏曰·此言治

離婁，是古時最有眼力的人。卽莊子天地篇駢拇篇之離朱。經典釋文引司馬彪云：『黃帝時人，百步見秋毫之末。』公輸子名般，亦作班，春秋末魯人，能造機器，見墨子魯問篇及戰國策宋策。師曠是春秋晉平公時最精音樂的一個樂師，見左傳及呂氏春秋諸書。規是畫圓的器械，矩是製方的器械。

天下．不可無法度．仁政者．治天下之法度也．聞．去聲．仁心．愛人之心也．仁聞者．有愛人之聲聞於人也．先王之道．仁政是也．范氏曰．齊宣王不忍一牛之死．以羊易之．可謂有仁心．梁武帝終日一食蔬素．宗廟以麪爲犧牲．斷死刑必爲之涕泣．天下知其慈仁．可謂有仁聞．然而宣王之時．齊國不治．武帝之末．江南大亂．其故何哉．有仁心仁聞．而不行先王之道故也．徒．猶空也．有其心．無其政．是謂徒善．有其政．無其心．是謂徒法．程子嘗言爲政須要有綱紀文章．謹權審量讀法平價．皆不可闕．而又曰．必有關雎麟趾之意．然後可以行周官之法度．正謂此也．詩．大雅假樂之篇．愆．過也．率．循也．章．典法也．所行不過差．不遺忘者．以其循用舊典故也．勝．平聲．準．所以爲平．繩．所以爲直．覆．被也．此言古之聖人．既竭耳目心思之力．然猶以爲未足以徧天下．及後世．故制爲法度以繼續之．

『員』同『圓』。六律是以竹爲筩，分六陰六陽，（黃鐘、太蔟、姑洗、蕤賓、夷則、無射，六律爲陽；大呂、夾鐘、仲呂、林鐘、南呂、應鐘，六呂爲陰：是謂十二律。此云六律，以陽兼陰。）調節五音高下的一種器具。五音，宮商角徵羽也。此以技巧聰明喻堯舜之道，以各種工具喻仁政；仁政者，謂行仁之政治制度，如井田學校等，皆政治上的工具也。仁心，即不忍人之心；仁聞，仁愛之聲譽聞於遠方者也。澤，恩澤。『不可法於後世』，言不可爲後世之法則。『先王之道』，即先王所定之政治制度。徒善，謂僅有仁心而無仁政；徒法，謂僅有仁政而無仁心。所引詩經見大雅假樂篇。愆，就是過失。忘，就是遺忘。率，循也。章，就是法律制度。意思是：爲政之道，不要有過失，不要遺忘了，須遵守着前代聖王的法度。能遵守前代聖王法度而還有過錯的，那是決不會有的。

「聖人既竭目力焉，繼之以規矩準繩，以爲方員平直，不可勝用也。既竭耳力焉，繼之以六律正五音，不可勝用也。既竭心思焉，繼之以不忍人之政，而仁覆天下矣。故曰：『爲高必因丘陵，爲下必因川澤。』爲則其用不窮・而仁之所被者廣矣・丘陵本高・川澤本下・爲高下者因也・則用力少而成功多矣・鄒氏曰・自章首至此論・以仁心仁聞・行先王之道・仁者・有仁心仁聞・而能擴而充之・以行先王之道者也・播惡於衆・謂貽患於下也・

朝・音潮・此言不仁・而在高位之禍也・道・義理也・揆・度也・法・制度也・道揆・謂以義理度量事物而制其宜・法守・謂以法度自守・工・官也・度・卽法也・君子小人・以位而言也・由上無道揆・故下

政不因先王之道，可謂智乎？是以惟仁者宜在高位。不仁而在高位，是播其惡於衆也。

竭，盡也。準，是求平面準確的水準器，繩，是求直線準確的墨線。「勝」平聲。「不可勝用」，言其用無窮也。「不忍人之政」，卽上所云「仁政」。覆，被也。言其仁可以徧被天下也。此節仍承上節之意而申說之。又引兩句成句，以明爲政當因先王之道，則如因丘陵以爲高，因川澤以爲下，事半而功倍也。但惟「仁者」能行「仁政」，所謂「有不忍人之心，斯有不忍人之政」也。故惟仁者當在高位。若不仁者而在高位，徒播其惡於衆耳。此又「徒法不能以自行」之意。

上無道揆也，下無法守也，朝不信道，工不信度，君子犯義，小人犯刑，國之所存者幸也。故曰：城郭不完，兵甲不多，非國之災也。田野不辟，貨財不聚，非國之害也。上無禮，下無學，賊民興，喪無日矣！

此節從反面說明不遵先王之道之害。揆，度也。不遵先王之道，則君上無可揆度之道；臣下無可遵守之法。朝廷不信先王之道，百工不信先王之度。不信道故犯義，不信度故犯刑。此種國家政治制度無法守·無道揆·則朝不信道·而君子犯義·無法守·則工不信度·而小人犯刑·有此六者·其國必亡·其不亡者·僥倖而已·辟·與闢同·喪·去聲·上不知禮·則無以教民·下不知學·則易與爲亂·鄒氏曰·自是以爲仁者至此·所以責其君·

蹶·居衛反·泄·弋制反·詩·大雅板之篇·蹶·顚覆之意·泄泄·怠[illegible]悅從之貌·言天欲顚覆周室·羣臣無得泄泄然·不急救正之·沓·徒合反·沓沓·即泄泄之意·蓋孟子時人語如此·非·詆毀也·范氏曰·人臣以難事責於君·使其君爲堯舜之君者·尊君之大也·開陳善道·以禁閉君之邪心·

既蕩然無存，其能存者幸也。『所』，或也；『國之所存者，』『即國之或存者。』見王引之經傳釋詞。『故曰』以下，是斷語。完備也。『辟，』同『闢。』『禮』字本可包典章制度而言。『下無學』謂無教化及於民衆。如此，則奸宄寇賊並作，而國家之喪亡無日矣。喪責也。

『詩曰：「天之方蹶，無然泄泄。」泄泄，猶沓沓也。事君無義，進退無禮，言則非先王之道者，猶沓沓也。故曰：「責難於君謂之恭，陳善閉邪謂之敬，吾君不能謂之賊。」』

所引詩經見大雅板篇。蹶，是顚跌的意思。『天之方蹶，』是說天意剛要把這個國家傾覆。朱注云：『泄泄，怠緩悅從之貌。』焦氏正義則以『多言』訓『泄』『沓。』說文口部：『呭，多言也。』言部：『詍，多言也。』均引詩此句。是『泄』爲『呭』或『詍』之通借字。又曰部：『沓，語多沓沓也。』字亦作『誻，』見言部。『泄泄，』古語；『沓沓，』孟子時語。此以『沓沓』釋『泄泄，』猶以『洪水』釋『洚水』也。『泄泄』『沓沓』指『言則非先王之道』而說，所謂言多而失者也。『無然泄泄』者，猶云：『不要這樣地亂說了。』『吾君不能謂之賊』者，即『謂其君不能者，賊其君者也』之意。孟子自謂『我非堯舜之道不敢以陳於王前。』故以『言則非先王之道』爲『泄泄沓沓，』而深惟恐其君。或陷於有過之地者。敬君之至也。謂其君不能行善道。而不以告者。賊害其君之甚也。鄭氏曰。自詩云天之方蹶至此。所以責其臣。

鄭氏曰。此章言爲治者。當有仁心仁聞。以行先王之政。而君臣又當各任其責也。

戒之也。此章要旨在治國須有『仁心』（即『不忍人之心』）並須有『仁政』（即『不忍人之政』亦即『先王之道』）孟子對梁惠王齊宣王所說制產教民之法，對滕文公所說井田學校之制，皆所謂『仁政』也。

〔二〕　不仁之患

這章書是孟子詳舉不仁的害處，警戒天下人。

孟子曰：「三代之得天下也以仁，其失天下也以不仁。國之所以廢興存亡者亦然。天子不仁，不保四海；諸侯不仁，不保社稷；卿大夫不仁，不保宗廟；士庶人不仁，不保四體。今惡*死亡而樂*不仁，是猶惡醉而強*酒。」

三代。謂夏商周也。禹湯文武。以仁得之。桀紂幽厲。以不仁失之。國。謂諸侯之國。言必死亡。惡。去聲。樂。音洛。強。上聲。此承上文之意。而推言之也。

『四海』，猶說『四海之內』，即指天子所有的天下。社稷者，諸侯所祭的土神與穀神，即指諸侯所有的國土。宗廟是卿大夫的家祠。四體指身體生命而言。惡去聲。樂喜樂之樂。強上聲。強酒，勉強飲酒也。論不仁的害處自天子至庶人，是一律的。

菑・與災同・樂・音洛・安其危・利其菑者・不知其爲危菑・而反以爲安利也・所以亡者・謂荒淫暴虐・所以致亡之道也・不仁之人・私欲固蔽・失其本心・故其顛倒錯亂・至於如此・所以不可告以忠言・而卒至於敗亡也・浪・音郎・滄浪・水名・纓・冠系也・言水之清濁・有以自取之也・聖人聲入心通・無非至理・此類可見・夫・音扶・所謂自取之者

〔三〕禍福自取

這章書是孟子說國破家亡的慘禍，都是不仁的人自取的。

孟子曰：『不仁者，可與言哉？安其危而利其菑，樂其所以亡者。不仁而可與言，則何亡國敗家之有？有孺子歌曰：「滄浪之水清兮，可以濯我纓；滄浪之水濁兮，可以濯我足。」孔子曰：「小子聽之！清斯濯纓，濁斯濯足矣，自取之也。」夫人必自侮，然後人侮之；家必自毀，而後人毀之；國必自伐，而後人伐之。太甲曰：「天作孽，猶可違；自作孽，不可活。」此之謂也。』

『菑』同『災』。不仁的人，逢到危難，尙以爲安；逢到災禍，尙以爲有利；荒淫暴虐，明明是所以亡國之道，而尙且自以爲快樂。其顛倒昏亂，自取滅亡如此，故不可復以忠言告之也。孺子，小孩也。滄浪，或以爲水名，卽今之夏水；或以爲地名，卽武當縣漢水中之滄浪洲，或謂滄浪，青色，水之色也。並見焦氏正義。纓，是帽上結的絲帶。滄浪之歌亦見楚辭漁父篇。孟子引滄浪之歌，及孔子語，旨在喻人之榮辱無非自取。故斷之以『人必自侮然後人侮之』云云。所引太甲語與公孫丑篇仁則榮章同。

解見前篇。

此章言心存，則有以審夫得失之幾。不存，則無以辨於存亡之著。禍福之來，皆其自取。

〔四〕　得天下有道

這章書是孟子勉勵當時的諸侯好仁，所以說好仁就能王天下，不好仁便要陷於死亡。

孟子曰：「桀紂之失天下也，失其民也；失其民者，失其心也。得天下有道：得其民，斯得天下矣。得其民有道：得其心，斯得民矣。得其心有道：所欲與之聚之，所惡勿施爾也。民之歸仁也，猶水之就下，獸之走壙也。故爲淵敺魚者，獺也；爲叢敺爵者，鸇也；爲湯武敺民者，桀與紂也。今天下之君有好仁者，則諸侯皆爲之敺矣。雖欲無王，不可得已。今之欲王者，猶七年之病，求三年之艾也。苟爲不畜，終身不得。苟不志於仁，終

惡，去聲。民之所欲，皆爲致之，如聚斂然。民之所惡，則勿施於民。鼂錯所謂人情莫不欲壽，三王生之而不傷，人情莫不欲富，三王厚之而不困。人情莫不欲安，三王扶之而不危，人情莫不欲逸，三王節其力而不盡，此類之謂也。走，音奏。壙，廣野也。言民之所以歸乎此，以其所欲之在乎此也。

身憂辱，以陷於死亡。詩云：「其何能淑？載胥及溺。」此之謂也。」

「與之」之「與」，爲也。「爲」去聲。言民之所欲，則爲民聚之也。見王引之經傳釋詞。惡，去聲。爾，語助，猶云「而已」。言得民之心有道，爲聚其所欲，勿施其所惡而已。壙，曠野也。毆，即驅逐之驅。獺，水獺，獸名，喜食魚類。叢，即叢林。爵同雀。鸇，猛鳥，喜食雀。魚爲獺所驅則潛於淵，雀爲鸇所驅則匿於林，民爲桀紂所驅則歸於湯武矣。「好」、「爲」、「王」皆去聲。言今之諸侯皆桀紂之類，故有好仁之君，則諸侯皆爲之驅民來歸，雖欲不王天下而不可得也。艾，草木植物，其葉可用以灸，以陳者爲佳。生了七年的病，方去求三年陳的艾葉，已是太晚了；假使不畜藏艾葉，則三年之艾終身不得矣。「苟爲」之「爲」，使也，亦假設之詞，見王引之經傳釋詞。此以求艾喻「志仁」。言及今而志於仁，猶未爲晚；苟不志於仁，則將終身受辱，以陷於身死國亡矣。所引詩經見大雅桑柔篇。淑，善也。載，則也。胥，相也，皆也。溺，陷溺也。言如今之諸侯，其何能爲善乎？則相偕陷於亂亡而已。

爲・去聲・毆・與毆同・獺・音闥・爵・與雀同・鸇・諸延反・淵・深水也・獺・食魚者也・叢・茂林也・鸇・食雀者也・言民之所以去此・以其所欲在彼・而所畏在此也・好・爲・王・並去聲・王・去聲・艾・草名・所以灸者・乾久益善・夫病已深・而欲求乾久之艾・固難卒辦・然自今畜之・則猶或可及・不然則病日益深・死日益迫・而艾終不可得矣・詩・大雅桑柔之篇・淑・善也・載・則也・胥・相也・言今之所爲・其何能善・則相引以陷於亂亡而已・

〔五〕自暴自棄

這章書是孟子深責暴棄仁義的人。

孟子曰：「自暴者，不可與有言也。自棄者，不可與有

暴・猶害也・非・猶毀也・自害其身者・

不知禮義之為美・而非毀之・雖與之言・必不見信也・自棄其身者・猶知仁義之為美・但溺於怠惰・自謂必不能行・與之有為・必不能勉也・程子曰・人苟以善自治・則無不可移者・雖昏愚之至・皆可漸磨而進也・惟自暴者・拒之以不信・自棄者・絕之以不為・雖聖人與居・不能化而入也・此所謂下愚之不移也・仁宅・已見前篇・義者・宜也・乃天理之當行・無人欲之邪曲・故曰正路・曠・空也・由・行也・舍・上聲・此章言道本固有・而人自絕之・是可哀也・此聖賢之深戒・學者所當猛省也・

為也。言非禮義，謂之自暴也。吾身不能居仁由義，謂之自棄也。仁，人之安宅也。義，人之正路也。曠安宅而弗居，*舍正路而不由，哀哉！』

暴，猶害也。自暴，猶言自己害自己。棄，拋棄也。自棄，猶言自己拋棄自己。一個人，說出來的話，不合禮，不合義的，叫做『自暴』。自己以為不能居仁由義的，叫做『自棄』。仁是人的安穩的房屋。義是人的正大的道路。故『仁』謂之『居』，『義』謂之『由』。曠，空也。『舍』同『捨』，棄置也。

〔六〕　親親長長　這章書是孟子警戒人不要好高騖遠。

爾・邇・古字通用・易・去聲・長・上聲・親長・在人為甚邇・親之長之・在人為甚易・而道初不外是也・舍此

孟子曰：『道在爾*而求諸遠，事在易而求諸難。人人親其親，*長其長，*而天下平。』

『爾』、『邇』，古通用。『易』，去聲，『難易』之易。『長』，上聲。上『親』字『長』字皆動詞。「

而他求，則遠且難，而反失之。但人人各親其親，各長其長，則天下自平矣。

親其親，』『長其長，』此道之近而易者，而平治天下之基在是，不必他求也。故曰：『堯舜之道，孝弟而已矣。』

〔七〕善戰者服上刑

這章書是孟子表示痛恨不行仁政只圖富國强兵的諸侯。

求，孔子弟子冉求。季氏，魯卿。宰，家臣。賦，猶取也。取民之粟，倍於他日也。小子，弟子也。鳴鼓而攻之，聲其罪而責之也。

爲，去聲。

林氏曰：富其君者，奪民之財耳，而夫子猶惡之。况爲土地之故而殺人，使其肝腦塗地，則是率土地而食人之肉，其罪之大，雖至於死，猶不足以容之也。

孟子曰：「求也爲季氏宰，無能改於其德，而賦粟倍他日。孔子曰：『求非我徒也，小子鳴鼓而攻之可也。』由此觀之，君不行仁政而富之，皆棄於孔子者也。況於爲之强戰？爭地以戰，殺人盈野；爭城以戰，殺人盈城。此所謂率土地而食人肉，罪不容於死。故善戰者服上刑，連諸侯者次之，辟草萊任土地者次之。」

求，是孔子弟子，冉求。季氏，是魯國的大臣季孫氏。宰，家臣也。冉求嘗在季氏家中做家臣。不能把季氏的道德改好，而徵收的錢糧，卻比從前加增了一倍。孔子大不以爲然，所以不願認他爲弟子，命其餘的學生，聲罪致討。此事見論語先進篇。按魯哀公十二年，季康子用田賦，見左傳。賦粟倍他日，正辟・與闢同・善戰・如孫臏吳起之徒・連結諸侯・如蘇秦張儀之類・辟・開墾也・任土地・謂分土授民・使任耕稼之責・如李悝盡地力・商鞅開阡陌之類也・

指此事。魯本用『丘賦』，今更加以『田賦』，是於人民一丘所出之賦以外，復以其田之所收爲標準而賦之也。孟子引孔子的話，意在爲下文作根據。凡是國君不行仁政，而爲之增加財富者，都是見棄於孔子的人。況且爲他們強戰犧牲人民，爭地爭城，這眞率土地去吃人民的肉了。這種人的罪惡，是死有餘辜的！故善於打仗的人，應該受最重的刑罰；約從連橫的人，闢草萊任土地的人，受更次等的刑罰。善戰者，指孫臏吳起等兵家。連諸侯，即蘇秦張儀等之縱橫家。『辟』同『闢』。井田之法有『萊田』。闢草萊即商鞅之開阡陌，廢井田。呂氏春秋有任地篇專講耕耨蓄藏之術，即李悝盡地力之法也。

〔八〕觀其眸子

這章書是孟子觀察人邪正的方法。

眸・音牟・瞭・音了・眊・音耄・良・善也・眸子・目瞳子也・瞭・明也・眊者・蒙蒙目不明之貌・蓋人與物接之時・其神在目・故胸中正・則神精而明・不正・則神散而昏・焉・於虔反・廋・音搜・

孟子曰：「存乎人者，莫良於眸子。眸子不能掩其惡。胸中正，則眸子瞭焉；胸中不正，則眸子眊焉。聽其言也，觀其眸子，人焉廋哉？」

爾雅釋訓云：『存，在也。』禮記文王世子『必在視寒煖之節』句注云：『在，察也。』『存乎人』，察乎人也。眸子就是眼中的瞳神。『莫良於眸子』，莫好於眸子也。瞭是明亮，眊是糊塗。『人焉』之『焉』，平聲，何也。廋是隱藏的意思。按大戴禮記曾子立事云：『目者，心之浮也。』人心的誠僞善惡，邪正，往往都從眼光中流露出來，所謂『傳神正在阿堵中』。故聽其言，察其眸子，確是觀人的妙法。

度・匿也・言亦心之所發・故幷此以觀・則人之邪正・不可匿矣・然言猶可以偽爲・眸子則有不容偽者・

〔九〕君臣以義合（寇讎何服之有？）

這章書是孟子因宣王待臣下恩禮衰薄，所以露骨地對他講報施的道理。

孟子告齊宣王曰：『君之視臣如手足，則臣視君如腹心；君之視臣如犬馬，則臣視君如國人；君之視臣如土芥，則臣視君如寇讎。』王曰：『禮爲舊君有服，何如斯可爲服矣？』曰：『諫行言聽，膏澤下於民；有故而去，則君使人導之出疆，又先於其所往；去三年不反，然後收其田里：此之謂三有禮焉。如此，則爲之服矣。今也爲臣，諫則不行，言則不聽；膏澤不下於民；有故而去，則君搏執之，又極之於其所往；去之日，遂收其田里：此之謂寇讎；寇讎，何服之有？』

孔氏曰・宣王之遇臣下・恩禮衰薄・至於昔者所進・今日不知其亡・則其於羣臣・可謂藐然無敬矣・故孟子告之如此・手足腹心・相待一體・恩義之至也・如犬馬則輕賤之・然猶有豢養之恩焉・國人・猶言路人・言無怨無德也・土芥・則踐踏之而已矣・斬艾之而已矣・其賤惡之又甚矣・寇讎之報・不亦宜乎・爲・去聲・下爲之同・

儀禮曰：以道去君而未絕者，服齊衰三月。王疑孟子之言太甚，故以此禮爲問。導之出疆，防剽掠也。先於其所往，稱道其賢，欲其收用之也。三年而後收其田祿里居，前此猶望其歸也。極，窮也。窮之於其所往之國，如晉錮欒盈也。潛興嗣曰：孟子告齊王之言，猶孔子對定公之意也。而其言有迹，不若孔子之渾然也。蓋聖賢之別如此。楊氏曰：君臣以義合者也。故孟子爲齊王深言報施之道，使知爲君者，不可不以禮遇其臣耳。若君子之自處，則豈處其薄乎。孟子曰：王庶幾改之，予日望之。君子之言蓋如此。

君之於臣，視如手足，恩禮之至也。視如犬馬，只供玩好騎乘，已賤之矣，但尚有豢養之恩。視如土芥，則踩躪斬艾，毫不顧恤矣。臣之於君，視如腹心，親愛之至也。國人，猶路人；視如國人，則休戚不相關矣。如寇讎，則仇恨之至也。服，喪服。儀禮曰：『以道去君而未絕者，服齊衰三月。』是爲舊君有服也。王意爲舊君尚有喪服，豈可以寇讎視其君乎，故有此問。『膏澤下於民』，言恩澤下及於人民。故，事故。導之出已國之境，又於其所適之國，預爲先容也。田里，謂在已國時所授之圭田里宅。此於在位、去國及去國以後，君之待臣三次皆有禮也。搏執，逮捕之也。『極之於其所往』者，設法使其所往之國皆不收容之，使窮無所之也。孟子所說二事適相反，明有服無服，當以舊君待其臣如何而定。此章論君臣相互的待遇至爲平等。後世腐儒乃倡爲『臣罪當誅，天王聖明』之謬說，於是專制君主之淫威，遂比虎狼還厲害了。明太祖讀孟子此章，竟不許孔廟中祭祀孟子，可笑亦復可恨。難怪黃梨洲明夷待訪錄要痛斥小儒的無識而肇禍了。

〔十〕樂有賢父兄　這章書是孟子叫人盡育才的道理。

孟子曰：『中也養不中，才也養不才。故人樂有賢父兄也。如中也棄不中，才也棄不才，則賢不肖之相去。

樂，音洛。無過不及之謂中。足以有爲之謂才。養，謂涵育薰陶。

其閒不能以寸。』

俟其自化也・賢・謂中而才者也・樂有賢父兄者・樂其然能成己也・若爲父兄者・以子弟之不賢・遂遽絕之・而不能教・則吾亦過中而不才矣・其相去之閒・能幾何哉・

中者，無過與不及，恰到好處也。養，謂涵育薰陶之也。『樂』音洛。言人之所以樂有賢父兄者，以其能教育之也；若爲父兄者，以其子弟爲不中不才而遽棄之，則所謂賢父兄者與不肖之父兄相去能有多少？『不能以寸』，極言其相去之少也。

〔十一〕 君子自得

這章書是孟子教人求學要注重心得。

孟子曰『君子深造之以道，欲其自得之也。自得之，則居之安；居之安，則資之深；資之深，則取之左右逢其原。故君子欲其自得之也。』

造・七到反・深造・詣也・深造之者・進而不已之意・道則其進爲之方也・資・猶藉也・左右・身之兩旁・言至近而非一處也・逢・猶值也・原・本也・水之來處也・言君子務於深造・而必以其道者・欲其有所持循・以俟夫默識心通・自

此章論教學之法。造，音七到反，詣也，致也。深造之者，致其極也。博學而不深造，則不能精而有所得。學記云：『人不學，不知道。』又云：『雖有至道，弗學不知其善也。』是學以知道爲目的也。故曰『深造之以道。』學記又云：『君子之教，喻也；道而弗牽，強而弗抑，開而弗達。』又云：『力不能問，然後語之；語之而弗知，雖舍之可也。』論語記孔子之教人，亦曰：『不憤，不啓；不悱，不發；舉一隅，不以三隅反，則不復也。』此皆『欲其自得之』也。自得之，則默識心通，如其性之所自有，而所以處之者安矣。處然而得之於己也、自得於己・則所以處之者・安固而不搖・處之安固・則所藉者・深遠而無盡・所藉者深・則日用之間・取之至近・無所往而不值其所資之本也・程子曰・學不言而自得者・乃自得也・有安排佈置者・皆非自得也・然必潛心積慮・優游厭飫於其間・然後可以有得・若急迫求之・則是私己而已・終不足以得之也・

之既安，則不至見異思遷，淺嘗自畫，非淺襲於口耳之間，非強擬於形似之迹，而資之深矣。資，猶藉也。所資藉者既深，則日用之間，取之無盡，不待遠求，無不逢其本原矣。自得之得，此道也；居之居此道也；資之資此道，取之取此道也。此章所論，與現代教育學說重自學輔導的原理，不謀而合。

〔十二〕　學應務本

這章書是孟子拿水須有本，表明君子的學問也須有本。

亟・去吏反・亟・數也・水哉・水哉・歎美之辭・舍・放・皆上聲・原泉・有泉之水也・混混・湧出之貌・不舍晝夜・言常出不竭也・盈、滿也・科・坎也・言其進以漸也・放・至也・言水有原本・不已而漸進以至於海・如人有實行・則亦不已

徐子曰：「仲尼亟稱於水，曰：『水哉！水哉！』何取於水也？」孟子曰：「原泉混混，不舍晝夜，盈科而後進，放乎四海，有本者如是，是之取爾！苟為無本，七八月之間雨集，溝澮皆盈；其涸也，可立而待也。故聲聞過情，君子恥之！」

徐子，趙注謂即徐辟，介紹夷之見孟子者。仲尼，孔子的字。亟，音去吏反，屢次也。『原』同『源』。混混，古音讀如袞，俗作滾滾，水湧出不斷之貌。舍，止也。科，坎也，坑也。放，至也，達也。本，謂水源。『是之取爾』，言孔子之取於水者此耳。集，聚也。溝澮，田間路旁行水之溝。涸，水乾也。聲聞，聲名聞望也。情，實也。按論

語子罕篇子在川上章卽記孔子稱水之語。此云『亟稱，』當不僅一次矣。水流晝夜不止，似君子之自強不息。盈科後進，似君子之循序漸進而不躐等。放乎四海，似君子之欲罷不能，必求至道。故孔子取之也。若純盜虛聲，而實不足以副之，則如大雨之後，溝澮中一時充滿的水；雖亦有汜濫之勢，終是無源之水，不久卽乾；故君子恥之也。

・而循進以至於極也・澮・古外反・涸・下各反・聞・去聲・集・聚也・澮・田間水道也・涸・乾也・如人無實行而暴得虛譽・不能長久也・聲聞・名譽也・情・實也・恥者・恥其無實而將不繼也・林氏曰・徐子之爲人・必有躐等干譽之病・故孟子以是答之・鄒氏曰・孔子之稱水・其旨微矣・孟子獨取此者・自徐子之所急者言之也・孔子嘗以聞達告子張矣・達者・有本之謂也・聞者・無本之謂也・然則學者・其可以不務本乎・

〔十三〕過猶不及

這章書是孟子教人不要太過和不及。

孟子曰：『可以取，可以無取，取傷廉。可以與，可以無與，與傷惠。可以死，可以無死，死傷勇。』

廉是不苟取於人；惠是有利益給人；勇是對於應該做的事，毫不退縮。『可以取可以無取』者，言某項利益，在可以取，可以不取之間的。我若把這利益取來，是反有傷於廉的。『可以與可以無與』者，言某項利益，在可以給人，可以不給人之間的。我爲要見好於人，竟給了人，這是給得沒有什麼道理的，是反有傷於惠的。『可以死可以無死』者，言遇着一件生死關頭的事體，但是在可以死可以不死之間的。我若不顧一切，竟以死殉了，這是反有傷於勇的。如公西華爲孔子使齊，而取冉求五秉之粟，則在公西華爲傷廉，在冉求爲傷惠。（事見論語）子路死衞孔悝之難，是爲傷勇。（事見史記

先言可以者・略見而自許之辭也・後言可以無者・深察而自疑之辭也・過取固害於廉・然過與亦反害其惠・過死亦反害其勇・蓋過猶不及之意也・林氏曰・公西華受五秉之粟・是傷廉也・冉子與之・是傷惠也・子路之死

於禽。是傷勇也。

弟子傳）

〔十四〕君子自反　這章書是孟子說君子和衆人不同，就在於存心，存心的要義在於自反。

孟子曰「君子所以異於人者，以其存心也。君子以仁存心，以禮存心。仁者愛人，有禮者敬人。愛人者人恆愛之；敬人者，人恆敬之。

以仁禮存心。言以是存於心。而不忘也。此仁禮之施。恆。胡登反。此仁禮之驗。

此章言君子所以不同於尋常的一般人者，因他的存心，是以仁待人，以禮律己。因為以仁存心，所以愛人，因為以禮存心，所以對人恭敬。又因為愛人之故，所以人也同轉來愛他，因為敬人之故，所以人也同轉來敬他。

「有人於此，其待我以橫逆，則君子必自反也，我必不仁也，必無禮也，此物奚宜至哉？其自反而仁矣，自反而有禮矣，其橫逆由是也，君子必自反也，我必不忠。自反而忠矣，其橫逆由是也。君子曰：此亦妄人也

橫。去聲。下同。橫逆。謂強暴不順理也。物。事也。由。與猶同。下放此。忠者。盡己之謂。我必不忠。恐所以愛敬人者。有所不

盡其心也．難．去聲．奚擇．何異也．又何難焉．言不足與之校也．夫．音扶．鄉人．鄉里之常人也．君子存心不苟．故無後憂．

已矣！如此，則與禽獸奚擇哉？於禽獸，又何難*焉？是故君子有終身之憂，無一朝之患也。乃若所憂則有之：舜人也，我亦人也，舜爲法於天下，可傳於後世，我由未免爲鄉人也；是則可憂也。憂之如何？如舜而已矣。若夫君子所患則亡*矣。非仁無爲也，非禮無行也，如有一朝之患，則君子不患矣。」

『有人於此』是假設之辭。橫逆者，強橫不講理也。自反，自己反省也。『我必不仁也，必無禮也』即自己反省之語。物，事也。『此物』指『以橫逆待我』之事而言。『由』同『猶』。言其待我之橫逆仍如此也。忠者，盡己之心以待人也。若兩次反省於仁，於禮，於忠皆內省不疚，而此人之橫逆仍如此，則其爲妄人也可知。擇，別也。言與禽獸有何分別也。難，去聲，責難也。『又何難焉』言不足責也。朝，如字讀。一朝之患謂意外无妄之災突如其來者。他人無故以橫逆待我，我如忿而與妄人爭執鬬很，亦一朝之患也。所謂『終身之憂』即下文所言『憂不如舜』也。『我由』之『由』同『猶』。『若夫』之『夫』音扶。『亡矣』之『亡』同『無』。此章言做人只要自己做得不錯，至於橫逆之來，只要問心無愧，都可置之不顧。所宜憂的，就是恐怕自己不能像舜那樣的好，此爲人處世之道，最宜玩味也。

食。音嗣。樂。音洛。聖賢之道。進則救民。退則修己。其心一而已矣。由。與猶同。禹稷身任其職。故以為己責。而救之急也。聖賢之心。無所偏倚。隨感而應。各盡其道。故使禹稷居顏子之地。則亦能樂顏子之樂。使顏子居禹稷之任。亦能憂禹稷之憂也。不暇束髮。而結纓往救。言急也。以喻禹稷。喻顏子也。此章言聖賢心

〔十五〕禹稷顏回

這章書是孟子說聖賢同道，只因所處地位不同，行事纔會各異。

禹稷當平世，三過其門而不入，孔子賢之。顏子當亂世，居於陋巷，一簞食，一瓢飲，人不堪其憂，顏子不改其樂，孔子賢之。孟子曰：「禹稷顏回同道。禹思天下有溺者，由己溺之也。稷思天下有飢者，由己飢之也。是以如是其急也。禹稷顏子易地則皆然。今有同室之人鬭者，救之，雖被髮纓冠而救之可也。鄉鄰有鬭者，被髮纓冠而往救之，則惑也；雖閉戶可也。」

平世有道之世。亂世，無道之世。『三過其門而不入』是禹治水時的事。此言禹稷，是連類及之。古人作文，不講邏輯，此類甚多，不獨孟子也。顏子即孔子弟子顏回，字淵。顏子事見論語。『由己』之『由』同『猶』。『被髮纓冠』而往救之，言不及束髮，即結冠而往排解也。此章先述禹稷顏回之事，然後加以評論。蓋聖賢所抱之道皆同，只因所處的境遇不同，故所做的事亦異。又以同室之人與鄉鄰有鬭者為喻，申明其義。

無不同．事則所遭或異．然處之各當其理．是乃所以爲同也．尹氏曰．當其可之謂時．前聖後聖．其心一也．故所遇皆盡善．

〔十六〕 不孝者五

這章書是孟子說論人應該推論他的本心。

公都子曰：「匡章，通國皆稱不孝焉；夫子與之遊，又從而禮貌之，敢問何也？」孟子曰：「世俗所謂不孝者五：惰其四支，不顧父母之*養，一不孝也。博弈好飲酒，不顧父母之*養，二不孝也。好貨財，私妻子，不顧父母之*養，三不孝也。*從耳目之欲，以爲父母戮，四不孝也。好勇鬪很，以危父母，五不孝也。章子有一於是乎？*夫章子，子父責善而不相遇也。責善，朋友之道也；父子責善，賊恩之大者。*夫章子，豈不欲有夫妻子母之屬哉？爲得罪於父，不得近，出妻*屏子，終身不*養焉。其

匡章．齊人．通國．盡一國之人也．禮貌．敬之也．好．養．從．皆去聲．很．胡懇反．鬩．羞辱也．很．忿戾也．夫．音扶．遇．合也．相責以善而不相合．故爲父逐也．賊．害也．朋友當相責以善．父子行之．則害天性之恩也．夫章之夫．音扶．爲．去聲．屏．必井反．養．去聲．言章子非不欲身有夫妻之配

・子有子毋之屬・但爲身不得近於父・故不敢受妻子之養・以自責罰其心・以爲不如此則其罪益大也・此章之旨・於衆所惡而必察焉・可以見聖賢至公・至仁之心矣・楊氏曰・章子之行・孟子非取之也・特哀其志・而不與之絕耳・

設心以爲不若是，是則罪之大者，是則章子已矣。」

匡章，齊人。見滕文公篇末章。禮貌之者，用禮節待他也。惰其四支，手足懶惰，不肯做事也。不顧父母之養者，不肯奉養父母的衣食也。養，去聲。好，亦去聲。從，放縱；言放縱着耳目對於聲色的嗜慾，戮，辱也。鬩很者因意氣忿戾而與人鬩爭也。上言匡章，此言章子，是於名下加一『子』字，古有此稱。『夫』音扶。不相遇，不相合也。『父子責善，賊恩之大者』即前答公孫丑問所謂『責善則離，離則不祥莫大焉』之意。賊，害也。『爲』去聲，因爲也。屏，必井反。不養，匡章不受其妻子之奉養也。此章所說是『衆惡必察』之意。孟子以爲匡章因爲得罪於父，而知自責，其人非全無心肝者，並且這也不是不孝，故不與之絕交也。

〔十七〕驕其妻妾　這章書是孟子借着齊人喚醒世上謀求富貴不知羞愧的人。

施・音迤・又音異・墦・音燔・施施・如字・章首當有孟子曰字・闕文也・良人・夫也・饜・飽也・顯者・富貴人也・施・邪施・而行・不使良人知也・墦・

齊人有一妻一妾而處室者，其良人出，則必饜酒肉而後反。其妻問所與飲食者，則盡富貴也。其妻告其妾曰：『良人出，則必饜酒肉而後反，問其與飲食者，盡富貴也。而未嘗有顯者來。吾將瞷良人之所之也。

塚也・顧・望也・訕・怨詈也・施施・喜悅自得之貌・孟子言自君子而觀・今之求富貴者・皆若此人耳・使其妻妾見之・不羞而泣者少矣・言可羞之甚也・

趙氏曰・言今之求富貴者・皆以枉曲之道・昏夜乞哀以求之・而以驕人於白日・與斯人何以異哉

一蚤起，施*從良人之所之。偏國中無與立談者。卒之東郭墦*閒之祭者，乞其餘。不足，又顧而之他。此其爲饜足之道也。其妻歸告其妾曰：『良人者，所仰望而終身也。今若此！』與其妾訕*其良人，而相泣於中庭。而良人未之知也，施施從外來，驕其妻妾。由君子觀之，則人之所以求富貴利達者，其妻妾不羞也，而不相泣者，幾希矣！

良人，婦人稱丈夫也。古稱『良人，』後世稱『郞，』良郞一聲之轉。饜，吃飽也。瞷，窺伺之也。蚤起，即早晨起來。蚤早古通用。施，音迤，斜行也。不欲使其良人覺之。『偏國中，』就是走偏城中的意思。『卒』終也。之往也。東郭，東方城門外也。墦，音藩，塚也。『墦閒之祭者，』謂掃墓者。訕，譏罵也。施施，儼然自得之貌；猶今人言『像煞有介事』也。朱注謂此章章首當有『孟子曰』三字。今無之者，闕文也。按本章爲求富貴利達者乞憐昏夜，驕人白日而發。齊人之事，爲孟子之寓言。

〔問題〕（一）何謂『徒善不足以爲政，徒法不能以自行？』

（二）何謂『泄泄沓沓』?
（三）孔孟於孺子滄浪之歌，何所取義?
（四）何謂『自暴自棄』?
（五）孟子論君臣關係如何?
（六）孟子論教學之道如何?
（七）孟子謂禹稷顏子曾子子思易地則皆然，其義如何?

萬章篇

〔一〕孔子集三聖之大成

這章書是孟子用比較方法說明孔子在許多聖人當中的特點。

孟子曰：『伯夷，目不視惡色，耳不聽惡聲。非其君不事，非其民不使。治則進，亂則退。橫政之所出，橫民之所止，不忍居也。思與鄉人處，如以朝衣朝冠，坐於塗炭也。當紂之時，居北海之濱，以待天下之清也。故聞伯夷之風者，頑夫廉，懦夫有立志。』

治・去聲・下同・橫・去聲・朝・音潮・橫・謂不循法度・頑・頑者無知覺・廉・廉者有分辨・懦・懦・柔弱也・餘並見前篇・

橫，不循法度也。橫政，暴政；橫民，亂民也。頑，無知而貪也。廉，廉潔也。懦，柔弱也。立志，自立之志。餘均已見前篇。

「伊尹曰：『何事非君？何使非民？』治亦進，亂亦進，曰：『天之生斯民也，使先知覺後知，使先覺覺後覺。予，天民之先覺者也，予將以此道覺此民也。』思天下之民，匹夫匹婦有不與被堯舜之澤者，若己推而內*之溝中。其自任以天下之重也。

伊尹的思想與伯夷正相反。『何事非君何使非民』者，凡我所事者即是我之君，凡我所使者即是我之民也。『內』今作『納』。『自任以天下之重』即『以天下之重自任』也。餘均已見前篇。

與，音預。何事非君：言所事即君。何使非民：言所使即民。無不可事之君，無不可使之民也。餘見前篇。

「柳下惠不羞汙君，不辭小官。進不隱賢，必以其道。遺佚而不怨，阨窮而不憫。與鄉人處，由由然不忍去*也。『爾為爾，我為我，雖袒*裼*裸*裎*於我側，爾焉能浼

鄙：狹陋也。敦：厚也。餘見前篇。

淅・先歷反・接・猶承也・淅・漬米水也・漬米將炊・而欲去之速・故以手承水取米而行・不及炊也・舉此一端・以見其久速仕止・各當其可也・或曰・孔子去魯・不稅冕而行・豈得爲遲・楊氏曰・孔子不欲去之意久矣・不欲苟去・故遲遲其行也・膰肉不至則得以微罪行矣・故不稅冕而行・非速也・

張子曰・無所雜者淸之極・無所異者和之極・勉而淸・非聖人之淸・勉而和・非聖

我哉？」故聞柳下惠之風者，鄙夫寬，薄夫敦。

柳下惠又是另一種性情。鄙夫，胸襟狹隘之人；薄夫，性情刻薄之人。寬，寬大也。敦，篤也，厚也。餘均已見前篇。

「孔子之去齊，接淅而行；去魯，曰：『遲遲吾行也！』去父母國之道也。可以速而速，可以久而久，可以處而處，可以仕而仕，孔子也。」

接，承也。淅，漬米也。「接淅」是說米已淘浸，將下鍋造飯，爲了要走，來不及炊，就將米撈了起來，用手承着，立刻動身。『接淅而行』是極言其動身之快。至於離開魯國，則說：『遲遲吾行』，這是因爲魯是父母之國，不忍即別也。孔子做人，看時局，看環境，隨機應付。如去齊可速即速，去魯可久則久，不做官即可隱處則隱處。做官，即可仕則仕。不像前三人之固執不移也。

孟子曰：「伯夷，聖之淸者也。伊尹，聖之任者也。柳下惠，聖之和者也。孔子，聖之時者也。孔子之謂集大成。

集大成也者，金聲而玉振之也。金聲也者，始條理也。玉振之也者，終條理也。始條理者，智之事也。終條理者，聖之事也。智，譬則巧也。聖，譬則力也。由射於百步之外也；其至，爾力也，其中*，非爾力也。』

此段與上文是一章，特加『孟子曰』三字者，因上文都是孟子敘述四人的話。以下則是孟子的批評也。集大成者，言集先聖之長以成一己之德也。尚書言『簫韶九成』。衆樂合奏完成曰『一成』。故下文即以音樂爲喻。金，鎛鐘。聲，發聲也。玉，特磬。振，收也。凡奏樂，先擊鎛鐘以發其聲，終擊特磬以收其音。條理，指衆樂合奏之節奏言。言以鎛鐘始之，以特磬終之也。凡做人，始用修養工夫，是智之事，中庸所謂『誠身』必先『明善』也。智者始能『擇善』，而『固執』以底於成，則有賴乎毅力，能始終如一，則爲聖矣。下文又以射爲喻。『由』同『猶』。能射到百步之外，這是『力』；其射中正鵠，則是巧也。中，去聲。

人之和・所謂聖者・不勉不思而至焉者也・孔氏曰・任者・以天下爲己責也・愚謂孔子仕止久速・各當其可・蓋兼三子之所以聖者・而時出之・非如三子之可以一德名也・或疑伊尹出處・合乎孔子而不得爲聖之時・何也・程子曰・終是任底意思在

此言孔子集三聖之事・而爲一大聖之事・猶作樂者・集衆音之小成・而爲一大成也・成者・樂之一終・書所謂簫韶九成是也・金・鐘屬・聲・宣也・如聲罪致討之聲・玉・磬也・振・收也・如振河海而不洩之振・始・始之也・終・終之也・條理・猶言脈絡・指衆音而言也・智者・知之所及・聖者・德之所就也・蓋樂有八音・金石絲竹匏土革木・若獨奏一音・則其一音・自爲始終・而其一小成・猶三子之所知偏於一・而其所就亦偏於一也・八音之中・金石爲重・故特爲衆音之綱紀・又金始震而玉終詘然也・故並奏八音・則於其未作而先擊鎛鐘・以宣其聲・俟其既闋・而後擊特磬・以收其韻・宣以始之・收以終之・二者之間・脈絡貫通・無所不備・則合衆小成而爲一大成・猶孔子之知無不盡・而德無不全也・金聲玉振・始終條理・疑古樂經之言・故兒寬云・惟天子建中和之極・兼總條貫・金聲而玉振之・亦此意也・

中・去聲・

此復以射之巧力・發明聖智二字之義・見孔子巧力俱全・而聖智兼備・三子則力有餘而巧不足・是以一節雖至於聖・而智不足以及乎時中也・此章言三子之行・各極其一偏・孔子之道・兼全於衆理・所以偏者・由其蔽於始・是以缺於終・所以全者・由其知之至・是以行之盡・三子猶春夏秋冬之各一其時・孔子則太和元氣之流行於四時也・

〔二〕大臣之義　這章書是孟子說卿相有親疏常變的不同，實是警戒宣王。

齊宣王問卿。孟子曰：「王何卿之問也？」王曰：「卿不同乎？」曰：「不同，有貴戚之卿，有異姓之卿。」王曰：「請問貴戚之卿。」曰：「君有大過則諫，反覆之而不聽，則易位。」王勃然變乎色。曰：「王勿異也。王問臣，臣不敢不以正對。」王色定，然後請問異姓之卿。曰：「君有過則諫，反覆之而不聽，則去。」

大過・謂足以亡其國者・易位・易君之位・更立親戚之賢者・蓋與君有親親之恩・無可去之義・以宗廟爲重・不忍坐視其亡・故不得已而至於此也・勃然・變色貌・孟子言也・君臣義合・不合則去・此章言大臣之義・親疏不同・守經行權・各有其分・貴戚之卿・小過非不諫也・但

『問卿』者，問爲卿之道，應該怎樣也。與國君有親族關係的，叫『貴戚之卿。』與國君不同姓的，叫『異姓之卿。』貴戚之卿與國君關係密切，國君有大過，反覆的諫他而不聽，則將危及國家，故易置其君也。異姓之卿，則與國君關係既疏，且無易君之權，故君有過失，則諫，反覆的諫他而仍舊不聽，必大過而不聽——惟有離去這個國而已。勃然，變色之貌・乃可易位・異姓之卿・大過非不諫也・雖小過而不聽・已可去矣・然三仁貴戚・不能行之於紂・而霍光異姓・乃能行之於昌邑・此又委任權力之不同・不可以執一論也・

告子篇

〔一〕 善性人所固有

這章書是孟子因人情的常理去試驗本性，以證明人性本善。

公都子曰：『告子曰：「性無善，無不善也」或曰：「性可以爲善，可以爲不善。是故文武興則民好善，幽厲興則民好暴。」或曰：「有性善，有性不善。是故以堯爲君而有象，以瞽瞍爲父而有舜，以紂爲兄之子，且以爲君，而有微子啓王子比干。」今曰性善，然則彼皆非與*？』

此亦生之謂性・食色性也之意・近世蘇氏胡氏之說・蓋如此・好・去聲・此節繼水之說也・韓子性有三品之說・蓋如此・按此文則微子比干・皆紂之叔父・而書稱微子爲商王元子・疑此或有誤字・與・平聲・

公都子引告子的話道：『一個人的性，無所謂善，亦無所謂不善。』又引或人的話道：『人的性，是可以使他爲善，也可以使他爲不善的；所以文王武王興起來了，則百姓都跟着好善，幽王厲王興起來了，則百姓都跟着好暴。』又引另一個或人的話道：『人的性，有生來是善的，也有生來是不善的。故以堯帝爲君，而有暴戾的象；以瞽瞍爲父，而有純孝的舜；以紂王爲其兄的兒子，而且是人君，而有微子啓、王子比干這些善人。』如今說人性是善的，那麼，上面諸人所說的話，都不對嗎？按微子是紂王的庶兄，比干才是紂王的叔父。此處併在一處言，是因行文的便利。此顧炎武說，見日知錄。翟灝考異據陸九淵答周元忠書，以爲微子啓與王子比干皆紂父帝乙之弟。孟子與史記不同，不當因史記而疑孟子，其說亦可通。『好』，去聲。『與』，同『歟』。

乃若・發語辭・情者・性之動也・人之情・本但可以爲善・而不可以爲惡・則性之本善可知矣・夫・音扶・才・猶材質・人之能也・人有是性・則有是才・性旣善・則才亦善・人之爲不善・乃物欲陷溺而然・非其才之罪也・惡・去聲・舍・上聲・蓰・音師・恭者・敬之發於外者也・敬

孟子曰：『乃若其情，則可以爲善矣；乃所謂善也。若夫爲不善，非才之罪也。惻隱之心，人皆有之；羞惡之心，人皆有之；恭敬之心，人皆有之；是非之心，人皆有之。惻隱之心，仁也；羞惡之心，義也；恭敬之心，禮也；是非之心，智也。仁義禮智，非由外鑠我也，我固有之也；弗思耳矣。故曰：求則得之，舍則失之。或相倍蓰而無算者，不能盡其才者也。』

程瑤田通藝錄謂『乃若』爲轉語詞；『其情』謂爲不善者之情；惻隱、羞惡、恭敬、是非之心，卽情好・去聲・詩・大雅蒸民之篇・蒸・詩作烝・衆也・物・事也・則・法也・夷・詩作彝・常也・懿・美也・有物必有法・如有耳目・則有聰明之德・有父子・則有慈孝之心・是民所秉執之常性也・故人之情・無不好此懿德者・以此觀之・則人性之善可見・而公都子所問之三說・皆不辯而自明矣・

程子曰・性・卽理也・理・則堯舜至於塗人一也・才稟於氣・氣有清濁・稟其清者爲賢・稟其濁者爲愚・學而知之・則氣無清濁・皆可至於善・而復性之本・湯武身之是也・孔子所言下愚不移者・則自暴自棄之人也・又曰・論性不論氣不備・論氣不論性不明・二之則不是・張子曰・形而後有氣質之性・善反之・則天地之性存焉・故氣質之性・君子有弗性者焉・愚按・程子此說才字・與孟子本文小異・蓋孟子專指其發於性者言之・故以爲才無不善・程子專指其稟於氣者言之・則人之才固有昏明強弱之不同矣・張子所謂氣質之性是也・二說雖殊・各有所當・然以事理考之・程子爲密・蓋氣質所稟・雖有不善・而不害性之本善・性雖本善・而不可以無省察矯揉之功。學者所當深玩也・

『詩云：「天生蒸民，有物有則，民之秉夷，好是懿德。」孔子曰：「爲此詩者，其知道乎！故有物必有則，民之秉夷也，故好是懿德。」』

所引詩經見大雅烝民篇。蒸，衆也。詩作『烝』。物，事也。則，法也。秉，執也。夷，常也。好，去聲。懿，美也。言天生衆民，有事物必有法則，衆民所秉的常性，都是喜好懿美的道德的。孟子引此詩又引孔子之言，并加以說明也。

〔二〕聖人與我同類

這章書是孟子從人心相同上證明人性本善。

富歲・豐年也・賴・藉也・豐年・衣食饒

孟子曰：『富歲子弟多賴，凶歲子弟多暴。非天之降

足・故有所藉藉而爲善・凶年衣食不足・故有以陷溺其心而爲暴・
夫・音扶・麰・音牟・耰音憂・磽・苦交反・
麰・大麥也・耰・覆種也・日至之時・謂當成熟之期也・磽・瘠薄也・
聖人亦人耳・其性之善・無不同也・
蕢・音匱・蕢・草器也・
不知人足之大小而爲之屨・雖未必適中・然必似足形・不至成蕢也・

才爾殊也。其所以陷溺其心者然也。今夫麰麥，播種而耰之，其地同，樹之時又同，浡然而生，至於日至之時，皆熟矣。雖有不同，則地有肥磽，雨露之養，人事之不齊也。故凡同類者，舉相似也，何獨至於人而疑之？聖人與我同類者。故龍子曰：「不知足而爲屨，我知其不爲蕢也。」屨之相似，天下之足同也。

富歲，豐年也。趙岐以『善』訓『賴』。朱注云：『賴，藉也。豐年衣食饒足，故有所藉而爲善。』與趙說略異。阮元謂『賴』即『嬾』，懈也。言富歲粒米狼戾，民多懈怠。較趙朱二注爲長。蓋年豐則生活裕如，故青年子弟多懈嬾；年凶則生活窘迫，故青年子弟多暴戾。爾如此也。言非天生之材質如此不同，所以陷溺其心之環境如此也。夫，音扶。麰麥，大麥。凡麥下種之後，當覆以土，故曰『播種而耰之』。樹，種也。『浡然』，猶云蓬蓬勃勃地。『日至之時』，當成熟之期也。孔廣森、趙佑謂『日至』指夏至，夏至則麥之遲者亦熟。管子輕重篇亦云『夏至而麥熟』。肥，沃也。磽，苦交切，薄也。此以麰麥喻人性，以地之肥磽，雨露人事之不齊，喻後天環境之不同。屨，麻鞋。蕢，草器。織屨者雖不知人足之大小，但必似足形，不至做成蕢的形狀，因爲天下之足形狀是同的。

「口之於味，有同耆*也。易牙」，先得我口之所耆者也。如使口之於味也，其性與人殊，若犬馬之與我不同類也，則天下何耆*皆從易牙之於味也？至於味，天下期於易牙，是天下之口相似也。惟耳亦然，至於聲，天下期於師曠，是天下之耳相似也。惟目亦然，至於子都，天下莫不知其姣也。不知子都之姣者，無目者也。故曰：口之於味也，有同耆*焉；耳之於聲也，有同聽焉；目之於色也，有同美焉。至於心，獨無所同然乎？心之所同然者，何也？謂理也，義也。聖人先得我心之所同然耳。故理義之悅我心，猶芻豢之悅我口。」

『耆』同嗜，易牙春秋時齊桓公之饔人，最善烹調，名巫，字易牙，師曠晉平公樂師，善音樂。子都古

耆・與嗜同・下同・易牙・古之知味者・言易牙所調之味・則天下皆以爲美也・師曠・能審音者也・言師曠所和之音・則天下皆以爲美也・姣・古卯反・子都・古之美人也・姣・好也・然・猶可也・草食曰芻・牛羊是也・穀食曰豢・犬豕是也・程子曰在物爲理・處物爲義・體用之謂也・孟子言人心無不悅理義者・但聖人則先知先覺乎此耳・非有以異於人也・程子又曰・理義之悅我心・猶

芻豢之悅我口・此語親切有味・須實體察得理義之悅心・真猶芻豢之悅口始得・

之美貌者。詩鄭風山有扶蘇云：『不見子都，乃見狂且。』按左傳隱十一年杜預注云：『子都，鄭大夫公孫閼。』姣美也。同然者，皆以為是者也。牛羊食草，草即芻，所以即稱牛羊為芻；犬豕食穀，豢飼於人，所以即稱犬豕為豢。此芻豢指牛羊犬豕之肉。此章以理義為人心之所同然，明人性之皆善。

〔三〕良心貴得其養

這章書是孟子拿牛山樹木做比方，說明人的良心不能失了培養。

櫱・五割反・牛山・齊之東南山也・邑外謂之郊・言牛山之木・前此固嘗美矣・今為大國之郊・伐之者衆・故失其美耳・息・生長也・日夜之所息・謂氣化流行・未嘗間斷・故日夜之間・凡物皆有所生長也・萌・芽也・櫱・芽之旁出者也・濯濯・光潔之貌・材・林木也・言山木雖伐・猶有萌櫱・而牛羊又從而害之・是以至於光潔而無草木也・

孟子曰：『牛山之木嘗美矣。以其郊於大國也，斧斤伐之，可以為美乎？是其日夜之所息，雨露之所潤，非無萌櫱*之生焉；牛羊又從而牧之，是以若彼濯濯也。人見其濯濯也，以為未嘗有材焉，此豈山之性也哉？

牛山，齊國城外的一座大山。牠的樹木，本來是極其盛美的。因為牠在大國的近郊，人人拿斧頭去砍伐牠，可以保全牠的盛美麼？甚滋生也。日日夜夜之所生息，雨露之所滋潤，不是沒有萌芽生出來；無奈牧童又把牛羊驅上去嚼吃，去踐踏，所以一座草木盛美的山，弄得一無所有了。人們見牠一些沒有草木，就以為這座山未嘗有過材木，這個豈是這座山的本性嗎？萌芽也，櫱芽之旁出者也，濯濯，光潔之貌。

「雖存乎人者，豈無仁義之心哉？其所以放其良心者，亦猶斧斤之於木也。旦旦而伐之，可以爲美乎？其日夜之所息，平旦之氣，其好*惡與人相近也者幾希；其則其旦晝之所爲，有梏*亡之矣。梏之反覆，則其夜氣不足以存；夜氣不足以存，則其違禽獸不遠矣。人見其禽獸也，而以爲未嘗有才焉者，是豈人之情也哉？

好．惡．並去聲．良心者．本然之善心．卽所謂仁義之心也．平旦之氣．謂未與物接之時．淸明之氣也．好惡與人相近．言得人心之所同然也．幾希．不多也．梏．械也．反覆．展轉也．言人之良心．雖已放失．然其日夜之間．亦必有所生長．故平旦未與物接．其氣淸明之際．良心猶必有發見者．但其發見至微．而旦晝所爲之不善．又已隨而梏亡之．如山木旣伐．猶有萌櫱．而牛羊又牧之也．晝之所爲．旣有以害其夜之所息．夜之所息．又不能勝其晝之所爲．是以展轉相害．至於夜氣之生．日以寖薄

上節說山，實是以山比人，此節就說到人了。存乎人心的仁義，也是和山上固有的草木一樣。仁義之心，就是人的良心。人們之所以放失其良心，亦猶斧頭的伐木一樣，一天一天地把樹木砍伐，怎麼還能夠盛美呢？不過良心，仍時有滋息，也如牛山日日夜夜的生息草木。當天初明時，神氣淸明，良心時一發現，這叫做『平旦之氣』。他心中的所好或所惡，與一般人祇有幾希相近者，因爲他白天裏所作所爲，又將他的良心擾亂（梏）了，亡失了也。反反覆覆地攪亂，所以弄到後來良心發現的夜氣，也一些不足以保存；夜氣一些都不存在，那末他和禽獸的相去也不遠了。人家見他是與禽獸一樣了，便以爲他未嘗有可以爲善的材質，這豈是人的實情嗎？平旦，平明，天初曉的時候。『好』，『惡』皆去聲。『有』同『又』。『梏』同『搰』，攪也。情，誠也，實也。

・而不足以存其仁義之良心・則平旦之氣・亦不能淸・而所好惡遂與人遠矣・

長・上聲・山木人心・其理一也・舍・音捨・與・平聲・孔子言心・操之則在此・捨之則失去・其出入無定時・亦無定處・如此・孟子引之・以明心之神明不測・得失之易・而保守之難・不可頃刻失其養・學者當無時不用其力・使神淸氣定・常如平旦之時・則此心常存・無適而非仁義矣・程子曰・心豈有出入・亦以操舍而言耳・操之之道・敬以直內而已・愚聞之師曰・人理義之心未嘗無・惟持守之卽在爾・若於旦晝之間・不至梏亡・則夜氣愈淸・夜氣淸・則平旦未與物接之時・湛然虛明氣象・自可見矣・孟子發此夜氣之說・於學者極有力・宜熟玩而深省之也・

「故苟得其養，無物不長；苟失其養，無物不消。孔子曰：「操則存，舍則亡；出入無時，莫知其鄉。」惟心之謂與*？」

此是上兩節的總結。言良心與草木，得其養則長；失其養則消也。下又引孔子的話來作證。操，持也；操持之卽得其養；舍同捨，舍棄之卽失其養。操則存，卽『求則得之』；舍則亡，卽『舍則失之』。謂心存於內而不亡失；出，謂心放於外而不知求。出入無時，故所以操之求之者無刻之可懈；少懈，則放心難求而莫知其所向矣。『鄉』同『嚮』，今作『向』。『與』同『歟』。此章言人之所以不善，由於不知操持而放失梏亡其良心。

〔四〕 一暴十寒　這章書是孟子慨歎齊王不能專心用賢。

或・與惑同・疑・怪也・王・疑指齊王・易・去聲・暴・步卜反・見

孟子曰：「無或*乎王之不智也。雖有天下易生之物也，一日暴*之，十日寒之，未有能生者也。吾見亦罕矣。

吾退而寒之者至矣。吾如有萌焉何哉？今夫*弈之爲數，小數也；不專心致志，則不得也。弈秋，通國之善弈者也。使弈秋誨二人弈，其一人專心致志，惟弈秋之爲聽。一人雖聽之，一心以爲鴻鵠將至，思援弓繳*而射*之；雖與之俱學，弗若之矣。爲是其智弗若與*？曰：非然也。」

『或』同『惑』。『暴』作『曝』。『王』疑指齊宣王。大概那時有人怪王不智，而孟子又不幫他的忙，所以孟子說這一番話。凡物之生長，皆需要日光暖氣。所以即使天下最易生長的東西，在太陽下曬了一日，就要使牠冷十日，當然是不會生長的了。意思是以曬太陽比喻人君近賢人。『吾見亦罕矣』者，孟子自言見王甚少也。『我退而寒之者至矣』者，言我退而王又與小人接近也。則雖有善心之萌，吾亦無如之何矣。弈，就是著圍棋。弈秋是古時一個最能著圍棋的人，名秋。數，術也。着棋，本來是一件小技藝，可是若不專心致志，就得不到著法的訣巧。假定使弈秋去教誨兩個人學棋。其中一人，專心致志，只聽弈秋的話。其他一人，雖然也聽着弈秋的話，心裏卻以爲有一隻鴻鵠，將要飛來了，想拿了弓，將繩繫了箭（繳）去射鴻鵠，心思一分，學棋的成績，必定不及專心致志的那一個人

・暴・音現・溫之也・我見王之時少・猶一日暴之也・我退・則諂諛雜進之日多・是十日寒之也・雖有萌櫱之生・我亦安能如之何哉・

・夫・音扶・繳・音灼・射・食亦反・爲・去聲・若與之與・平聲・弈・圍棋也・數・技也・致・極也・弈秋・善弈者・名秋也・繳・以繩繫矢而射也・

・程子爲講官・言於上曰・人主一日之間・接賢士大夫之時多・親宦官宮妾之時少・則可以涵養氣質・而薰陶德

性・時不能用・識者恨之・范氏曰・人君之心・惟在所養・君子養之以善則智・小人養之以惡則愚・然賢人易疏・小人易親・是以寡不能勝衆・正不能勝邪・自古國家治日常少・而亂日常多・蓋以此也・

了。難道爲了他的聰明不及那一人嗎？這當然可以說不是的。『今夫』之『夫』音扶繳音灼，以繩繫矢而射也。射入聲食亦反。『弗若與』之『與』同『歟』

〔五〕舍生取義　這章書是孟子希望人保全本心的義，不要因私欲而失掉。

孟子曰：『魚，我所欲也。熊掌，亦我所欲也。二者不可得兼，舍魚而取熊掌者也。生，亦我所欲也。義，亦我所欲也。二者不可得兼，舍生而取義者也。生亦我所欲，所欲有甚於生者，故不爲苟得也。死亦我所惡*，所惡*有甚於死者，故患有所不辟*也。

舍・上聲・魚與熊掌・皆美味・而熊掌尤美也・惡・辟・皆去聲・下同・釋所以舍生取義之意・得・得生也・欲生惡死者・雖衆人利害之常情・而欲惡有甚於生死者・乃秉彝義理之良心・是以欲生而不爲苟得・惡死而有所不避也・

『舍』同捨，棄也。此以魚與熊掌喻生與義，明雖同爲我之所欲，但如得生而有害於義，甯舍生而取義也。所欲之甚於生者，卽指『義』。不爲苟得，不苟得生也。所惡之甚於死者，卽指『不義』。不避患，言雖死亦所不避也。惡去聲。『辟』同『避』。

設使人無秉彝之良心・而但有利害之私情・則凡可以偷生免死者・皆將不顧禮義而爲之矣・由其必有秉彝之良心・是以其能舍生取義如此・喪・去聲・羞惡之心・人皆有之・但衆人汨於利欲而忘之・惟賢者能存之而不喪耳・食・音嗣・嘑・呼故反・蹴・子六反・豆・木器也・嘑・咄啐之貌・行道之人・路中凡人也・蹴・踐踏也・乞人・乞丐之人也・不屑・不以爲潔也・言

『如使人之所欲，莫甚於生，則凡可以得生者，何不用也？使人之所惡*莫甚於死者，則凡可以辟*患者何不爲也？由是則生而有不用也，由是則可以辟*患而有不爲也。是故所欲有甚於生者，所惡*有甚於死者，非獨賢者有是心也。人皆有之，賢者能勿喪耳。』

此節承上節而言。以『由是則生而有不用』『由是則可以避患而有不爲』爲據，以明人之所欲有甚於生，所惡有甚於死；且不獨賢者有此心，人人皆有此心，不過賢者能勿喪失而已。『喪』去聲。

『一簞食*，一豆羹，得之則生，弗得則死。嘑*爾而與之，行道之人弗受；蹴*爾而與之，乞人不屑也。萬鍾則不辨禮義而受之。萬鍾於我何加焉？爲宮室之美，妻妾之奉，所識窮乏者得我與*？鄉*爲身死而不受，今爲宮室之美爲之；*鄉爲身死而不受，今爲妻妾之奉爲之；*鄉爲身死而不受，今爲所識窮乏者得我而爲之：是亦不可以已乎？此之謂失其本心。」

『食，』音飼。『嘑，』今作『呼。』『蹴，』音促，以足踢之也。『與，』同『歟。』『鄉，』作『嚮，』亦作『向。』『爲，』去聲。一簞食，一筲箕的飯；一豆羹，一木盌的羹。飢餓的人對於這些兒東西，是得之則生，弗得則死的。假使拿着這飯這羹，大聲呼叱：『來吃這些東西罷！』這樣就是路過的陌生人也是弗願意領受的。假使更進一步，把這些東西放在地下，蹬着脚，表示給他吃，就是叫化子也不屑意領受了。可見人皆有羞惡之心，寧可餓死，不肯受辱。這一段是證明上文所謂『所欲有甚於生，所惡有甚於死』的心，是人皆有之的。但是萬鍾的厚祿，則世人往往不辨禮義而受之。萬鍾之祿雖厚，於我有什麼益處呢？爲了所住的房屋的華美，三妻四妾的奉事，我所素識的窮乏朋友，可以得我些恩惠嗎？從前情願忍着凍餓，不肯爲免死而受人的簞食豆羹，現在則爲了房屋的華美，妻妾的奉事，所識的窮乏朋友可以得我些恩惠，而竟受萬鍾之祿。這不是可以罷休的事嗎？這個可以說是失了他的本心了。

雖欲食之急。而猶惡無禮。有寧死不食者。是以羞惡之本心。欲惡有甚於生死者。人皆有之也。爲。去聲。與。平聲。萬鍾於我何加。言於我身無所增益也。所識窮乏者得我。謂所知識之窮乏者。感我之惠也。上言人皆有羞惡之心。此言衆人所以喪之。由此三者。蓋理義之心。雖日固有。而物欲之蔽。亦人所易昏也。鄉。爲。並去聲。爲之之爲。並如字。言三者。身外之物。其得失比生死爲甚輕。鄉爲身死。猶不肯受嘑蹴之食。今乃爲此三者。而受無禮義之萬鍾。是豈不可以止乎。本心。謂羞惡之心。

此章言羞惡之心。人所固有。或能決死生於危迫之際。而不免計豐約於宴安之時。是以君子不可頃刻而不省察於斯焉。

仁者。心之德。程子所謂心如穀種。仁則其生之性是也。然但謂之仁。則人不知其切於己。故反而名之日人心・則可以見其爲此身酬酢萬變之主・而不可須臾失矣・義者・行事之宜・謂之人路・則可以見其爲出入往來必由之道・而不可須臾舍矣・

〔六〕 求放心

這章書是孟子教人凡事要反求自己的心。

孟子曰『仁，人心也。義，人路也。舍其路而弗由，放其心而不知求，哀哉！人有雞犬放，則知求之；有放心而不知求。學問之道無他，求其放心而已矣！』

仁，是人人固有的愛人之心故曰『人心也。』義是應該做的事，是人人應該走的大路，故曰『人路也。』『舍』同『捨』。由從也舍其路而弗由謂棄義也放其心而不知求謂棄仁也人有雞犬放到外面去，則曉得去求牠們回來放了心出去倒不曉得去求牠回來。所以學問之道沒有其他的方法，只要把放心求回來就好了！

舍・上聲・哀哉二字・最宜詳味・令人惕然有深省處・程子日・心至重・雞犬至輕・雞犬放・則知求之・心放・則不知求・豈愛其至輕而忘其至重哉・弗思而已矣・愚謂上兼言仁義・而此下專論求放心者・能求放心・則不違於仁・而義在其中矣・學問之事・固非一端・然其道・則在於求其放心而已・蓋能如是・則志氣清明・義理昭著・而可以上達・不然・則昏昧放逸・雖日從事於學・而終不能有所發明矣・故程子日・聖賢千言萬語・只是欲人將已放之心・約之・使反復入身來・自能尋向上去・下學而上達也・此乃孟子開示切要之言・程子又發明之・曲盡其指・學者宜服膺而勿失也・

〔七〕 天爵與人爵

這章書是孟子勉勵人保守天爵。

孟子曰：「有天爵者，有人爵者。仁義忠信，樂善不倦，此天爵也。公卿大夫，此人爵也。古之人，脩其天爵而人爵從之。今之人，脩其天爵以要人爵；既得人爵而棄其天爵，則惑之甚者也；終亦必亡而已矣。」

樂，音洛。天爵者，德義可尊，自然之貴也。修其天爵，以為吾分之所當然者耳。人爵從之，蓋不待求之而自至也。要，音邀。要，求也。修天爵以要人爵，其心固已惑矣。得人爵而棄天爵，則其惑又甚焉，終必并其所得之人爵而亡之也。

「樂」音洛。仁義忠信，樂善不倦，自然為人所尊，叫做「天爵」。由人給予的官職，如公卿大夫，叫做「人爵」。「人爵從之」者，不待求之而自至也。要，音邀，求也。言現今的人，修養道德，目的只在要求做官；等到做了官，就把道德丟掉了；這樣做人，真是糊塗透頂，終必并其所得之人爵而亡失之也。

〔八〕人人有貴於己者　這章書是孟子勉勵人從自己身上求尊貴。

孟子曰：「欲貴者，人之同心也；人人有貴於己者，弗思耳。人之所貴者，非良貴也；趙孟之所貴，趙孟能賤之。詩云：『既醉以酒，既飽以德。』言飽乎仁義也，所

貴於己者，謂天爵也。人之所貴，謂人以爵位加己而後貴也。良者，本然之善也。趙孟，晉卿也。能以爵祿與人而使

之貴．則亦能奪之而使之賤矣．若良貴．則人安得而賤之哉．

聞．去聲．

詩．大雅既醉之篇．飽．充足也．願．欲也．膏．肥肉．粱．美穀．令．善也．聞．亦譽也．文繡．衣之美者也．仁義充足．而聞譽彰著．皆所謂良貴也．

尹氏曰．言在我者重．則外物輕．

以不願人之膏粱之味也；令聞廣譽施於身，所以不願人之文繡也。」　聞，去聲。

「人人有貴於己者」，即天爵也。「良」猶「良知良能」之良，言別人所給的貴，不是真正本來的貴也。晉卿趙文子名武，趙簡子名鞅，趙襄子名無恤，皆稱趙孟。焦氏正義引吳斗南云：「趙盾字孟，故其子孫皆稱趙孟。」趙孟是晉國有勢力的貴族；他能給人做官，使之貴；也能奪人的官，使之賤。所引詩經見大雅既醉篇。膏，肉之肥者；粱，米之精者。令聞，美名。廣譽，大名。文繡，華美的衣服。言仁義勝於膏粱之味，令名勝於文繡之美。

〔九〕彀與規矩

這章書是孟子說凡事都有一定的方法。

孟子曰：「羿之教人射，必志於彀；學者亦必志於彀。大匠誨人，必以規矩；學者亦必以規矩。」

羿，古時善於射箭的人。彀者，弓開滿也。言羿教人射箭，必須專心致志把弓開滿了再射；學的人亦然。大匠教人製器，必須要用製圓的規，製方的矩，學的人亦然。此以喻教人及為學。

彀．古候反．羿．善射者也．志．猶期也．彀．弓滿也．滿而後發．射之法也．學．謂學射．大匠．工師也．規矩．匠之法也．

此章言事必有法．然後可成．師舍是則無以教．弟子舍是則無以學．曲藝且然．况聖人之道乎．

趙氏曰・曹交・曹君之弟也・人皆可以爲堯舜・疑古語・或孟子所嘗言也・曹交問也・食粟而已・言無他材能也・勝・平聲・匹字本作鴄・鴄也・從省作匹・禮記說匹爲鶩是也・烏獲・古之有力人也・能舉移千鈞・

〔十〕人皆可以堯舜

這章書是孟子拿孝弟教誨曹交，大概因這人淺陋麤率，所以含有不屑教誨的意思。

曹交問曰：『人皆可以爲堯舜，有諸？』孟子曰：『然。』『交聞文王十尺，湯九尺，今交九尺四寸以長，食粟而已，如何則可？』曰：『奚有於是？亦爲之而已矣。有人於此，力不能勝*一匹雛，則爲無力人矣。今曰舉百鈞，則爲有力人矣。*然則舉烏獲之任，是亦爲烏獲而已矣。夫人豈以不勝爲患哉？弗爲耳。

曹交，曹國君主之弟，名交。『有諸，』即『有之乎。』『食粟而已，』言只能吃飯，沒有別的才德也。『奚有於是，』即『於此何有，』言『這有什麼呢？』『亦爲之而已矣』者，言要做堯舜那樣的人，只要去做就好了！勝，平聲。朱注云：『匹字本作鴄，鴄也，省作匹。禮記說匹爲鶩是也。』按禮記說見曲禮注。則『匹』字當音木，匹雛，小鴨也。趙注以『小雛』釋『匹雛。』按方言『尐，小也。』音節。『尐』譌作『疋，』又譌作『匹』耳。王念孫廣雅疏證謂『尐』同『鸐。』玉篇『鸐，小雞也。』是趙以匹雛爲小雞。一鈞，三十斤。百斤，三千斤也。烏獲，古之力士，史記秦本紀『舉烏獲之任，』言烏獲之力所能任者，亦能舉之也。按此章與首篇齊桓晉文之事章以『爲長者折枝』喻『不爲，』以『挾太山超北海』喻『不能』同，蓋以『勝一匹雛』喻『不爲』，以『舉百鈞』喻『不能』。『力不能勝一匹雛』者自謂不能勝，非真不能勝也。『曰舉百鈞』者自謂能舉百鈞，未必果能舉也，故必能舉爲獲之任，始可爲爲獲；此不可強而致者也。若夫堯舜則人皆可爲，而所以爲之之道，不外孝弟；如尙自謂不能，則猶自謂『力不能勝一匹雛』，不爲耳，非不能也。『夫』音扶。

『徐行後長者謂之弟，疾行先長者謂之不弟。夫徐行者，豈人所不能哉？所不爲也。堯舜之道，孝弟而已矣。子服堯之服，誦堯之言，行堯之行，是堯而已矣。子服桀之服，誦桀之言，行桀之行，是桀而已矣。』

徐，慢也；疾，快也。『弟』，今作『悌』。『夫』，音扶，下同。『之行』之『行』，去聲，行爲也。此言做人的道理，從孝悌做起。孝悌之事，並沒有難處。故爲堯爲桀，在乎人之自擇而已。

後，去聲。長，上聲。先，去聲。夫，音扶。陳氏曰：孝弟者，人之良知良能，自然之性也。堯舜人倫之至，亦率是性而已。豈能加毫末於是哉。楊氏曰：堯舜之道大矣，而所以爲之，乃在夫行止疾徐之閒，非有甚高難行之事也。百姓蓋日用而不知耳。之行二行，並去聲。言爲善爲惡，皆在我而已。詳曹交之問，淺陋麤率，必其進見之時，禮貌衣冠言動之閒，多不循理。故孟子告之如此兩節云。見，音現。假館而後受業，又可見其求道之不篤。夫，音扶。言道不難知。

曰：『交得見於鄒君，可以假館，願留而受業於門。』

曰：『夫道若大路然，豈難知哉？人病不求耳。子歸而若歸而求之・事親敬長之間・則性分之內・萬理皆備・隨處發見・無不可師・不必留此而受業也・曹交事長之禮既不至・求道之心又不篤・故孟子教之以孝弟・而不容其受業・蓋孔子餘力學文之意・亦不屑之教誨也・

求之有餘師。」

曹交聽了孟子的說話，大爲佩服，因此說要去見鄒國的君主，他若肯借一間館屋，情願留在這裏做個弟子也。孟子答道『做人的道理，如大路一樣，並沒有什麼難知的。一個人只患不肯自己去探求罷了，你同去求之於事親敬長之間，則仁義禮智本爲吾心所固有，隨處發見，無不可師，不必住在這裏也。

〔十一〕論宋牼以利說時君之不當

這章書是孟子說同一罷戰有義利的不同，結果便有興亡的大差別。

牼・口莖反・宋姓・牼名・石丘・地名・趙氏曰・學士年長者・故謂之先生・說・音稅・時宋牼方欲見楚王・恐其不悅・則將見秦王也・遇・合也・按莊子書有宋鈃者・禁攻寢兵救世之戰・上說下教・強聒不舍・疏云・齊宣王時人・以事考之・疑卽此人也・徐氏曰・能於戰國擾攘之中・而以罷兵息

宋牼將之楚，孟子遇於石丘，曰：「先生將何之？」曰：「吾聞秦楚構兵，我將見楚王說而罷之。楚王不悅，我將見秦王說而罷之。二王我將有所遇焉。」

宋牼姓宋名牼，卽莊子天下篇荀子非十二子篇之宋鈃。牼音鏗。之，往也。石丘，地名。構兵，交戰也。說音稅，言將先見楚王說之罷戰，如楚王不悅，將再見秦王說之罷戰也。遇，合也。

曰：「軻也，請無問其詳，願聞其指。說之將何如？」曰：

民爲說・其志可謂大矣・然以利爲名・則不可也・樂・音洛・下同・王・去聲・

此章言休兵息民・爲事則一・然其心有義利之殊・而其效有興亡之異・學者所當深察而明辨之也・

「我將言其不利也。」曰：「先生之志則大矣，先生之號則不可。先生以利說秦楚之王，秦楚之王悅於利，以罷三軍之師，是三軍之士樂罷而悅於利也。爲人臣者，懷利以事其君；爲人子者，懷利以事其父；爲人弟者，懷利以事其兄，是君臣、父子、兄弟、終去仁義，懷利以相接；然而不亡者，未之有也。先生以仁義說秦楚之王，秦楚之王悅於仁義而罷三軍之師，是三軍之士樂罷而悅於仁義也。爲人臣者，懷仁義以事其君，爲人子者，懷仁義以事其父；爲人弟者，懷仁義以事其兄，是君臣、父子、兄弟去利懷仁義以相接也；然而不王者，未之有也。何必曰利！」

指，大指。問宋牼說秦楚罷兵，大指如何也。號，用以號召之主張名義也。樂，音洛。王，去聲。此論說秦楚罷兵，不當以『利』爲號，而當以『仁義』。以『利』爲主，未有不亡；以仁義爲主，未有不王。與首篇第一章告梁惠王之旨相同。

〔十二〕今之所謂良臣

這章書是孟子警戒做國君的不要用專務富强的臣子。

孟子曰：『今之事君者曰：「我能爲君辟土地，充府庫。」今之所謂良臣，古之所謂民賊也。君不鄉道，不志於仁，而求富之，是富桀也。「我能爲君約與國，戰必克。」今之所謂良臣，古之所謂民賊也。君不鄉道，不志於仁，而求爲之強戰，是輔桀也。由今之道，無變今之俗，雖與之天下，不能一朝居也。』

爲・去聲・辟・與闢同・鄉・與向同・下皆同・辟・開墾也・約・要結也・與國和好・相與之國也・言必爭奪而至於危亡也・

『辟』今作『闢』。闢土地，謂闢草萊，盡地力也。良臣，能幹的臣子。民賊，殘害百姓的盜賊。約與國者，連合和好相與的國家。『鄉』今作『向』。不向道，不志仁之君，是暴君也，故以桀擬之。『由今之道』云云者，言照着現今所行之道做去，不改變現今這種人心風俗，雖然把天下給與了他，也是不能夠一日住得穩的。

〔十三〕以鄰爲壑

這章書是孟子責白圭自誇，治水要取法夏禹。

白圭曰：『丹之治水也愈於禹。』孟子曰：『子過矣！禹之治水，水之道也。是故禹以四海爲壑。今吾子以鄰國爲壑。水逆行，謂之洚水；洚水者，洪水也，仁人之所惡也。吾子過矣！』

趙氏曰・當時諸侯有小水・白圭爲之築隄・壅而注之他國・

順水之性也・壑・受水處也・

惡・去聲・水逆行者・下流壅塞・故水逆流・今乃壅水以害人・則與洪水之災無異矣・

白圭自以爲治水的才能勝過大禹，故孟子駁之。『水之道，』猶云水之路。言大禹之治水，是順着水之故道而導之入海。白圭則把水擠到鄰國去，以鄰國爲貯水的地方。水逆行，謂不順其故道，而泛濫於陸上也。惡去聲。洪水爲仁人之所惡，而白圭把水擠到鄰國，叫鄰國的人去受禍害，故孟子斥之。

〔十四〕動心忍性

這章書是孟子勉勵人不要憂愁困窮。

說・音悅・舜耕歷山・三十登庸・說築傅巖・武丁舉之・膠鬲・遭亂

孟子曰：『舜發於畎畝之中，傅說舉於版築之間，膠鬲舉於魚鹽之中，管夷吾舉於士，孫叔敖舉於海，百鬻販魚鹽・文王舉之・管仲囚於士官・桓公舉以相國・孫叔敖隱處海濱・楚莊王舉之爲令尹・百里奚事見前篇・會・與增同・降大任・使之任大事也・若舜以下是也・空・窮也・乏・絕也・拂・戾也・言使之所爲不遂・多背戾也・動心忍性・謂竦動其心・堅忍其性也・然所謂性・亦指氣稟食色而言耳・程子曰・若要熟也・須從這裏過・衡・與橫同・恒・常也・橫・不順也・作・奮起也・徵・驗也・喻

里奚舉於市。故天將降大任於是人也，必先苦其心志，勞其筋骨，餓其體膚，空乏其身，行拂亂其所爲，所以動心忍性，曾益其所不能。人恆過，然後能改；困於心，衡於慮，而後作；徵於色，發於聲，而後喻。入則無法家拂士，出則無敵國外患者，國恆亡。然後知生於憂患而死於安樂也。」

按尚書堯典，史記五帝本紀舜嘗耕于歷山，是由畎畝之間起而爲天子也。版築，以版夾起，實土其中，舂之以築牆也。傅說在傅巖做版築的事，武丁舉之以爲相。見尚書序及史記殷本紀。「說」音悅。膠鬲，殷末賢人，亦見公孫丑篇，以爲輔紂之人；但紂非能舉賢人者，當是文王舉而進之於紂，如湯聘伊尹使之就桀耳。魚鹽，販魚鹽爲生也。管夷吾，卽管仲，助公子糾與齊桓公爭國。子糾死，魯囚管仲致之齊，桓公以鮑叔牙之薦舉以爲相。士，士師，獄官。事見左傳及史記齊世家，管晏列傳。孫叔敖，楚蔿敖字孫叔。（孫星衍有孫叔敖名字考。）其父蔿賈被殺，乃竄處淮海之濱，而莊王舉以爲相也。（從毛奇齡說。）百里奚見前篇。市，買賣也。奚嘗爲人養牲；養牲販賣，故曰「市」。大任，重大的責任。餓則體羸膚瘠，故曰「餓其體膚」。空卽乏也，空乏，謂匱乏。拂，逆也，戾也。動心，使其心竦動；忍性，使其性堅忍．曉也．此又言中人之性．常必有過．然後能改．蓋不能謹於平日．故必事勢窮蹙．以至困於心．橫於慮．然後能奮發而興起．不能燭於幾微．故必事理暴著．以至驗於人之色．發於人之聲．然後能警悟而通曉也．此言國亦然也．法家．法度之世臣也．拂士．輔弼之賢士也．拂．與弼同．樂．音洛．以上文觀之．則知人之生全出於憂患．而死亡由於安樂矣．尹氏曰．言困窮拂鬱．能堅人之志．而熟人之仁．以安樂失之者多矣．

也。『曾』同『增』。『衡』同『橫』，不順也。作，奮發也。徵，驗也。喻，曉也。言常人不能燭於幾微未發之先，必事已暴著，驗於人之顏色，發於人之聲音言語，然後能警悟而通曉也。此皆中人之常，故曰『人恆…』云云。『拂』同『弼』。『入』謂國內。法家，有法度之世家；拂士，能輔弼之正士。『出』指國外。『樂』音洛。言由此可知人之生全，往往在憂患之中，而安樂反可以致人於死亡也。此章最足激發青年人志氣，稍遭挫折，即志氣沮喪者，讀之尤當猛省。

〔十五〕 教亦多術　這章書是孟子說教法不止一端，要看各人的材質而定。

多術．言非一端．屑．潔也．不以其人爲潔而拒絕之．所謂不屑之教誨也．其人若能感此退自修省．則是亦我教誨之也．尹氏曰．言或抑或揚或與或不與．各因其材而篤之．無非教也．

孟子曰：「教亦多術矣。予不屑之教誨也者，是亦教誨之而已矣。」

術，方法也。『予不屑之教誨，』即『予不屑教誨之』也。孟子言教人方法很多，有時我不屑教誨他，恰是一種教誨方法。按論語孔子託疾不見孺悲，取瑟而歌，使之聞之，就是『不屑教誨』的教誨。

〔問題〕（一）公都子論性，所舉三說如何？孟子如何答他？
（二）孟子何以知理義爲心之同然？
（三）何謂『夜氣？』『平旦之氣』何以不能餘存夜氣？

(四)何謂『一暴十寒』？何謂『一心以爲有鴻鵠將至』？
(五)何謂『舍生取義』？何謂『失其本心』？
(六)何謂『求放心』？
(七)何謂『天爵』，『人爵』？
(八)孟子答曹交之言，與梁惠王篇何節相類？
(九)孟子告宋牼之言，與梁惠王篇何章同旨？
(十)孟子論去就之道如何？
(十一)何謂『生於憂患死於安樂』？

盡心篇

（一）萬物皆備於我　這章書是孟子教人求盡性的學問。

孟子曰：『萬物皆備於我矣，反身而誠，樂莫大焉。彊恕而行，求仁莫近焉。』

此言理之本然也・大則君臣父子・小則事物細微・其當然之理・無一不具於性分之內也・樂・音洛・誠・實也・言反諸身・而所備之理・皆如惡惡臭・好好

『樂』音洛。『彊』上聲，即『勉強』之『強』。『萬物』指一切關於爲人的事物，就是人倫物理。這本來是人人所有的，都備具在我的性分之中，故曰『萬物皆備於我』也。誠者真實無妄之謂。大學謂誠意在無自欺，不自欺，即反身而誠也。其實反身而誠，即是『恕』。『有諸己而後求諸人，無諸己而後非諸人』，恕也，即反身而誠也。『所惡於上，無以使下，所惡於下，無以事上……』即『施諸色之實．然則其行之不待勉強．而無不利矣．其爲樂孰大於是．

強．上聲．

強．勉強也．恕．推己以及人也．反身而誠．則仁矣．其有未誠．則是猶有私意之隔．而理未純也．故當凡事勉強．推己及人．庶幾心公理得．而仁不遠也．

此章言萬物之理．具於吾身．體之而實．則道在我．而樂有餘．行之以恕．則私不容．而仁可得．

已而不顧，亦勿施於人』也，恕也，亦即反身而誠也。『所求乎子以事父，所求乎臣以事君，……』即以己所欲施之於人也，亦恕也，亦即反身而誠也。能反身而誠，則己立立人，己達達人，可以成己，可以成物，可以盡其性以盡物之性，可以參天地贊化育矣，此所謂『仁』也。故曰『樂莫大焉』。其未能至此者，則當強行恕道以求『仁』。反身而誠者，安而行之者也；強恕而行者，勉強而行之者也，及其成功一也。『恕』者推己以及人，論語以『能近取譬』爲『爲仁之方』，即此所謂『強恕而行，求仁莫近』也。

〔二〕 豪傑自興

這章書是孟子勉勵人做豪傑，不要自已作凡民看待。

夫．音扶．興者．感動奮發之意．凡民．庸常之人也．豪傑．有過人之才智者也．蓋降衷秉彝．人所同得．惟上智之資．無物欲之蔽．爲能無待於教．而自能感發以有爲也．

孟子曰「待文王而後興者，凡民也。若夫豪傑之士，雖無文王猶興。」

『凡民』，指一般的平常凡庸之人。『豪傑之士』，有志之士也。『興』，感動奮發也。凡民不能自奮，必待如文王者，鼓舞教導之，而始能奮發。有志之士則能自奮，不爲環境所囿，不爲時勢所抑，故雖無鼓舞教導之者，尚能奮發有爲，日進於善也。『夫』音扶。

〔三〕 善教得民心

這章書是孟子說做國君的總要以得民心爲本。

孟子曰『仁言不如仁聲之入人深也。善政不如善教之得民也。善政民畏之，善教民愛之。善政得民財，善教得民心。』

此章承上章而伸說王霸之不同也。『仁言』者，程子謂以仁愛之言加於民。『仁聲』者，程子謂有仁之實而爲衆人所稱道者也。則仁言者是爲政者口頭所說的好聽話，如現在一般政府之宣言，無不仁至義盡者也。仁聲，則不尚空談而將實惠施及民身，於是有了仁愛的名聲，這種名聲比了空洞的好話更能深入人心。故曰『仁言不如仁聲之入人深也。』『善政』，『道之以政，齊之以刑也。』『善教』，『道之以德，齊之以禮也。』霸國之政令雖善，不如王者之教化更能得到人民的悅服。故曰『善政不如善教之得民也。』霸國之善政以整理財政爲第一要務，故曰『善政得民財。』王者之善教，則使人民心悅誠服，故曰『善教得民心。』善政易，善教難；善政易見功效，但善政人亡政息，亦易消失。善教功效遲緩，善教既得民心，一時不易即失。故齊桓爲五霸之首，身死國即不振；湯武之王，傳世數百年未易動搖也。

程子曰・仁言・謂以仁厚之言加於民・仁聲・謂仁聞・謂有仁之實・而爲衆所稱道者也・此尤見仁德之昭著・故其感人尤深也・

政・爲法度禁令・所以制其外也・教・爲道德齊禮・所以格其心也・得民財者・百姓足而君無不足也・得民心者・不遺其親・不後其君也・

〔四〕良能良知　這章書是孟子說仁義的公理是生來就有的，人總不能失掉。

孟子曰『人之所不學而能者，其良能也；所不慮而

良者・本然之善也・程子曰・良知良能・

知者，其良知也。孩提之童，無不知愛其親也。及其長也，無不知敬其兄也。親親，仁也。敬長，義也。無他，達之天下也。」

皆無所出，乃出於天，不係於人。長，上聲。下同。孩提，二三歲之間，知孩笑可提抱者也。愛親敬長，所謂良知良能者也。言親親敬長，雖一人之私，然達之天下無不同者，所以為仁義也。

良能本來自有的善的能力；良知，本來自有的善的知識；所以是不學而能，不慮而知的。孩提，是二三歲的孩童。說文云：『咳，小兒笑也。孩，古文咳。』提，以一手提挈，初學步也。二三歲的孩童，沒有不知道愛他父母親的，等他稍長大些，沒有不知道敬重其兄的。親愛自己的父母親就是仁，敬重自己的兄長就是義。則仁義本人人所固有之良知，能把這人人備具的親親敬兄之良知，擴而充之，推而達之於天下，則聖人之道，盡於此矣。親親即是『孝』，敬兄即是『弟』。此與上篇所云『堯舜之道，孝弟而已矣』，同一意思。又按本章首以『不學而能，不慮而知』並提，下文於『愛其親』、『敬其兄』，俱只曰『無不知』，而不曰『無不能』者，蓋『不慮而知』者，由於性之善，此人人所同然也。由『知之』而『能之』，則在常人必有待於『學』矣。由自己愛親之孝，敬兄之弟而推之，固是所謂『達之天下』；由人人同具的愛親敬兄之良知，以啓導其天性之良能，使人人皆能孝弟，亦是所謂『達之天下』也。

〔五〕德慧術知

這章書是孟子勉勵困苦的人自己奮發。

孟子曰：『人之有德慧術知*者，恆存乎疢*疾。獨孤臣

知，去聲。疢，丑亦反。德慧者，德之慧

‧術知者術之知‧疢疾‧猶災患也‧言人必有疢疾‧則能動心忍性‧增益其所不能也‧孤臣‧遠臣‧孽子‧庶子‧皆不得於君親‧而常有疢疾者也‧達‧謂達於事理‧即所謂德慧術知也‧

孽子，其操心也危，其慮患也深，故達。」

『知』去聲，同『智』。『疢』音趁，病也。此云疢疾，猶言患難。孤臣、孽子者，不見容於君父者也。孟子言人之有德行、智慧、道術、才智的，常常是在患難中磨練出來的。所以只有在遠的孤臣，和庶出的孽子，他所擔着的心思很危險，所憂慮的患難很深刻，故能成一個明達事理的人。此與上篇舜發於畎畝章之旨相同。

〔六〕君子有三樂　這章書是孟子說君子的三樂，一在天，一在己，一在人。

樂‧音洛‧王‧與‧皆去聲‧下並同‧此人所深願‧而不可必得者‧今既得之‧其樂可知‧程子曰‧人能克己‧則仰不愧‧俯不怍‧心廣體胖‧其樂可知‧有息則餒矣‧盡得一世明睿之才‧而以所樂乎己者教而養之‧則斯道

孟子曰：「君子有三樂，而王天下不與存焉。父母俱存，兄弟無故，一樂也。仰不愧於天，俯不怍於人，二樂也。得天下英才而教育之，三樂也。君子有三樂，而王天下不與存焉。」

『樂』音洛。『王』去聲。『與』去聲。此言君子有三種快樂，王天下卻不在其內。『父母俱存，兄弟無故』是一樂。『無故』者言兄弟和樂也。怍亦愧也。仰起頭來對天，低下頭來對人，都沒有慚愧，這也是一樂。得天下英才而教育之，使能成大材大器，亦是一樂。

之傳・得之者衆・而天下後世・將無不被其澤矣・聖人之心・所願欲者・莫大於此・今既得之・其樂爲何如哉・

林氏曰・此三樂者・一係於天・一係於人・其所以自致者・惟不愧不怍而已・學者可不勉哉・

〔七〕觀水有術

這章書是孟子說聖人道大，學聖道的人要逐步前進。

孟子曰：「孔子登東山而小魯，登太山而小天下。故觀於海者難爲水，遊於聖人之門者難爲言。觀水有術，必觀其瀾。日月有明，容光必照焉。流水之爲物也，不盈科不行；君子之志於道也，不成章不達。」

此言聖人之道大也・東山・蓋魯城東之高山・而太山則又高矣・此言所處益高・則其視下益小・所見既大・則其小者不足觀也・難爲水・難爲言・猶仁不可爲衆之意・

此言道之有本也・瀾・水之湍急處也・明者・光之體・光者・明之用也・觀水之瀾・則知其源之有本矣・觀日月於容光之隙・無不照・則知其明之有本矣

東山，魯國境內之山。泰山，齊魯兩國共有之山。所登愈高，所望愈遠，眼界亦愈大，故「登東山而小魯，登泰山而小天下」也。所見愈廣，所知愈多，眼界亦愈高，故「觀於海者難爲水，遊於聖人之門者難爲言」也。蓋遊於聖人之門者見聖人之德高智廣，名言讜論層出不窮，就覺得難爲言了。此以登山觀海喻遊聖人之門，以「小魯」「小天下」及「難爲水」喻「難爲言」。觀水也有方法，見波瀾之湍急，則知水來有源，所以滔滔不絕，故「必觀其瀾」也。日月亦然，日月的本體是有光明的，所以凡是容得光亮的地方，就無隙不照。此言以水與日月比道之有本。流水這樣東西，不把坎陷的地方都滿溢了，是不向前進的。君子志在學道，不先學成一個體段，是不躐等而進，由此達彼的，此以流水喻學道之必須循序漸進。此章言學道當有識見，識廣見高，不至故步自封，而求進步之法，尤須循序漸進，決不能一蹴而幾。青年學子當三復之。

言學當以漸乃能至也。成章，所積者厚，而文章外見也。達者，足於此而通於彼也。此章言聖人之道，大而有本，學之者必以其漸乃能至也。

〔八〕舜與蹠之分　這章書是孟子說明聖凡的分別。

孟子曰：「雞鳴而起，孳孳為善者，舜之徒也。雞鳴而起，孳孳為利者，蹠之徒也。欲知舜與蹠之分，無他，利與善之間也。」

孳孳，勤勉之意。言雖未至於聖人，亦是聖人之徒也。蹠，盜蹠也。程子曰：言間者，謂相去不遠，所爭毫末耳。善與利，公私而已矣。纔出於善，便以利言也。楊氏曰：舜蹠之相去遠矣，而其分乃在利善之間而已，是豈可以不謹？然講之不熟，見之不明，未有不以利為義者，又學者所當深察也。或問雞鳴而起，若未接物，如何為善？程子曰：只主於敬，便是為善。

『孳』音之。孳孳即孜孜，努力不倦之意。蹠古時候的大盜。舜與蹠皆雞鳴而起，孳孳不倦；其分別便在一是為善，一是為利而已。為善便是舜之徒，為利便是蹠之徒了。此所謂『差以毫釐，失之千里』者也。

〔九〕譬若掘井　這章書是孟子勉勵人做事要做到成功為止。

孟子曰：「有為者，辟若掘井。掘井九軔而不及泉，猶

辟，讀作譬。軔，音刃，與仞同。

八尺曰軔．言鑿井雖深．然未及泉而止．猶爲自棄其井也．呂侍講曰．仁不如堯．孝不如舜．學不如孔子．終未入於聖人之域．終未至於大道．未免爲半途而廢．自棄前功也．

爲棄井也。』

『辟』今作『譬』，『軔』音刃，與『仞』同。八尺爲仞。此言有作爲的人，必須把目的達到，不可功虧一簣。譬如掘一口井，雖已掘得九軔之深，而沒有掘到泉水，如其停止不掘了，還是個無用的棄井也。此以喻半途而廢，一無所成者，等於盡棄前功。

〔十〕士尚志

這章書是孟子說士人只做大人的事，不做小人的事。

墊．丁念反．墊．齊王之子也．上則公卿大夫．下則農工商賈．皆有所事．而士居其間．獨無所事．故王子問之也．尙．高尙也．志者．心之所之也．士既未得行公卿大夫之道．又不當爲農工商賈之業．則高尙其志而已．惡．平聲．

王子墊問曰：『士何事？』孟子曰：『尚志。』曰：『何謂尚志？』曰：『仁義而已矣。殺一無罪，非仁也；非其有而取之，非義也。居惡在？仁是也。路惡在？義是也。居仁由義，大人之事備矣。』

墊音店，惡音烏。

王子墊，齊王之子，名墊也。墊以爲公卿大夫有政治之事，農工商賈，亦各有其職業；獨士則不作事而坐食，故有此問。『尚志』者，言做士的既不得行公卿大夫之道，又不就農工商賈之業，只是懷抱着一種高尚的志向罷了。墊又問『何謂尚志？』孟子答以『仁義而已矣』者，言所謂尚志者，即志在仁義也。『殺一無罪非仁也；非其有而取之者，非義也』這是釋『仁義』二字。居者所以處其身；

非仁非義之事・雖小不為・而所居所由・無不在於仁義・此士所以尚其志也・大人・謂公卿大夫・言士雖未得大人之位・而其志如此・則大人之事・體用已全・若小人之事・則固非所當為也・

路者，所遵由之道。惡音烏，何也。士所自處者『仁』也。所由循行者義也。如能居仁，行義，則大人的事，已完備了。

〔十二〕因材施教

這章書是孟子說君子因材施教。

孟子曰：『君子之所以教者五：有如時雨化之者，有成德者，有達財者，有答問者，有私淑艾者。此五者，君子之所以教也。』

下文五者・蓋因人品高下・或相去遠近先後之不同・時雨・及時之雨也・草木之生・播種封殖・人力已至・而未能自化・所少者雨露之滋耳・及此時而雨之・則其化速矣・教人之妙・亦猶是也・若孔子之於顏曾是已・財・與材同・此各因其所長而教之者也・成德・如孔子之於冉閔・達

此章言君子教人的法子有五種。第一種是『如時雨化之者』。時雨，及時之雨，言如時雨潤化萬物，使之發榮滋長也。第二種是『成德者』，言因他固有的德性教之使有成就也。第三種是『達財者』，『財』同材，言因他的材料，教之使通達而有用也。第四種是『答問者』，言就其所問而答之，以解他的疑惑也。第五種是『私淑艾者』，趙朱二注均云：『淑，善也。艾，治也。』言雖未能直接教誨，而其人私慕其道，取以善治其身也。上篇孟子自言：『予未得為孔子徒也，予私淑諸人也。』即無異孔子之教之也。焦氏正義謂『淑』同『叔』，叔，拾取也，見說文。『艾』音乂，通『乂』，乂，取也，見詩周南葛覃『是乂是濩』句釋文引韓詩。是『淑艾』二字同義疊用，『私淑艾』即『私淑』，言未親受業，而間接的私取諸人。其說亦通。草木受時雨之化，勃然而興；此喻聖人不言之教，化人至速，如孔子之於顏曾是也。成德，則如孔子之於冉閔；達材，則如孔子之於由賜。各因其材而篤之者也。答問，則如孔子之於樊遲，孟子之於萬章。足以解其惑者也。私淑艾，則如孟子之於孔子是矣。

財・如孔子之於由賜・就所問而答之・若孔孟之於樊遲萬章也・艾・音乂・私・竊也・淑・善也・艾・治也・人或不能及門受業・但聞君子之道於人・而竊以善治其身・是亦君子教誨之所及・若孔孟之於陳亢夷之是也・孟子亦曰・予未得爲孔子徒也・予私淑諸人也・聖賢施教・各因其材・小以成小・大以成大・無棄人也・

〔十二〕不及與太過

這章書是孟子說做事待人，不能不及，也不能太過。

孟子曰：「於不可已而已者，無所不已。於所厚者薄，無所不薄也。其進銳者，其退速。」

已・止也・不可止・謂所不得不爲者也・所厚・所當厚者也・此言不及者之弊・進銳者・用心太過・其氣易衰・故退速・三者之弊・理勢必然・雖過不及之不同・然卒同歸於廢弛・

已，止也。「不可已」，指不可止的事。不可止的事而竟止矣，則無論什麼事，都可以停止了。故曰：「於不可已而已者，無所不已。」「所厚」，指關係密切應該厚待的人。應厚待的人，尚且薄待，則無論什麼人都可以薄待了。故曰：「於所厚者薄，無所不薄。」吾人求學做事易有欲速之心。欲速成者，當初或有很快的進步。但是其氣易衰，其力難繼，他的退下來也一定是很快的。故曰：「其進銳者其退速」也。按趙氏以「已」爲「棄」，指罷斥而言；以「進退」爲用人之進退。今從朱注。

〔十三〕不仁哉梁惠王

這章書是孟子借着責備梁惠王，喚醒當時好戰的諸侯。

孟子曰：「不仁哉，梁惠王也！仁者以其所愛，及其所不愛；不仁者以其所不愛，及其所愛。」公孫丑曰：「何謂也？」「梁惠王以土地之故，糜爛其民而戰之，大敗，將復之，恐不能勝，故驅其所愛子弟以殉之，是之謂以其所不愛及其所愛也。」

親親而仁民。仁民而愛物。所謂以其所愛，及其所不愛也。梁惠王以下。孟子答辭也。糜爛其民。使之戰鬬。糜爛其血肉也。復之。復戰也。子弟。謂太子申也。以土地之故及其民。以民之故及其子。皆以其所不愛。及其所愛也。此承前篇之末。三章之意。言仁人之恩。自內及外。不仁之禍。由疏逮親。

『以其所愛及其所不愛』者，即由親親推而仁民也。『以其所不愛及其所愛』則適得其反矣。孟子以此論梁惠王之不仁，公孫丑不解其意，所以問孟子。糜爛，爛如粥糜也。梁惠王爲爭奪土地之故，不管百姓身體的糜爛，迫百姓去打仗，打了一個大敗仗，又想復讎；恐怕不能夠得勝，所以又驅自己所愛的子弟，壓着百姓去打，不料又打了一個大敗仗，連自己的子弟也死在裏頭。百姓是他所不愛的；子弟是他所愛的，故曰『以其所不愛及其所愛。』

〔十四〕焉用戰　這章書孟子拿湯武的事，喚醒當時好戰的人。

孟子曰：「有人曰：『我善爲陳，我善爲戰。』大罪也。國君好仁，天下無敵焉。南面而征北狄怨，東面而征

陳。去聲。制行伍曰陳。交兵曰戰。好。去聲。此引湯之事以

明之・解見前篇・兩・去聲・賁・音奔・又以武王之事明之也・兩・車數・一車兩輪也・千・書序作百・書・泰誓文・與此小異・孟子之意・當云王謂商人曰・無畏我也・我來伐紂・本爲安寧汝・非敵商之百姓也・於是商人稽首至地・如角之崩也・爲・於虔反・民爲暴君所虐・皆欲仁者來正己之國也・

西夷怨，曰：「奚爲後我」」武王之伐殷也，革車三百兩，*虎賁*三千人，王曰：「無畏，寧爾也，非敵百姓也。」若崩厥角稽首。征之爲言正也；各欲正己也，*焉用戰？』」

『陳，』今作『陣。』『好，』去聲。『兩，』今作『輛。』『賁，』音奔。焉平聲，安也，何也。孟子痛斥戰事，故曰：『有人說：「我善於擺陣，我善於作戰，」這便是大罪。國君好仁，就可以無敵於天下。『南面而征北狄怨，東面而征西夷怨，曰奚爲後我？』是引用湯的事情，已見前篇。古時用車戰，革車者，以皮革爲帷的戰車也。其數只有三百輛。虎賁，猶言勇猛如虎的兵士也。司馬法曰：『革車一乘，士十人，徒二十人。』虎賁，卽士也。每車十人，故革車三百兩，虎賁三千人也。王，指武王，武王對殷人說：你們不要怕，我是來安撫你們的，不是來和你們百姓做對敵的。厥，頓也。角，額角。厥角，卽頓首也。稽首，磕頭至地也。『若崩厥角稽首，』卽『厥角稽首若崩。』言殷民聽了武王的話，一起跪下頓首磕頭，人多勢緊，故如山之崩也。征字的意義，原是正其不正。各處受暴虐的百姓，都想有仁人來矯正他本國的不仁之政，對於仁人的軍隊，只有歡迎，沒有抵抗，那裏用得着戰爭呢？

〔十五〕民爲貴

這章書是孟子說明人民是國家的根本。

社・土神・稷・穀神・建國則立壇壝以祀

孟子曰：「民爲貴，社稷次之，君爲輕。是故得乎丘民而爲天子，得乎天子爲諸侯，得乎諸侯爲大夫。諸侯危社稷，則變置。犧牲既成，粢盛既潔，祭祀以時，然而旱乾水溢，則變置社稷。」盛，音成。

之。蓋國以民爲本。社稷亦爲民而立。而君之尊。又係於二者之存亡。故其輕重如此。

丘民。田野之民。至微賤也。然得其心。則天下歸之。天子至尊貴也。而得其心者。不過爲諸侯耳。是民爲重也。

諸侯無道。將使社稷爲人所滅。則當更立賢君。是君輕於社稷也。

盛。音成。

祭祀不失禮。而土穀之神。不能爲民禦災捍患。則毀其壇壝而更置之。亦年不順成。八蜡不通之意。是社稷雖

社，是土神；社壇設在東面，祭祀五土的，稷是穀神。稷壇設在西面，祭祀五穀的，古時是神權政治，中國又是農業國，故建國時候必立社稷壇，且以社稷代表國家。凡國家的成立，以得民心爲第一，以民爲邦本也。故曰：『民爲貴』。『社稷次之』猶云國家次之。因建國家以設制度，施政治，無非爲民，故其重要次於人民。君者不過辦理國家政治的人罷了，故曰：『君爲輕』。朱注云：『丘民，田野之民。』王念孫廣雅疏證云：『丘，衆也。』『丘民』猶今言『民衆』。能得民衆的心，然後可爲天子。這樣推下去，則得了天子之心，天子可以封之爲諸侯；得了諸侯之心，諸侯可以命之爲大夫。這是說明『民爲貴』的道理。『諸侯危社稷，則變置』者，言諸侯無道，危及國家者，就可以廢掉他，另置賢君。這是說明『君爲輕』的道理。犧牲是祭祀用的牲畜，粢盛是祭品，黍稷叫做粢，在器中的食物叫做盛。如果祭祀的牛羊已經肥碩齊備，祭祀的飯食已經淸潔，祭祀是按着時候擧行的，然而社稷之神，卻不能保佑這國家，而有水旱之災，那末就當毀壞舊的社稷壇，另置新社稷壇以奉祀之，以爲神不能保護人民之懲罰。這是說明社稷輕於人民的道理。世界各國都經過神權政治的階段，只有中國古代雖奉神權，然以人民爲神的代表，如尚書皐陶謨言：『天工，人其代之。』泰誓言：『天視自我民視，天聽自我民聽。』是天子雖尊貴，仍須受人民之監督也。孟子此言，固爲當時視民如草芥的國君而發。

重於君・而輕於民也・

然而正合近世民權的真諦。

介・音戛・徑・山路也・蹊・人行處也・介然・倏然之頃也・用・由也・路・大路也・為間・少頃也・茅塞・茅草生而塞之也・言理義之心・不可少有間斷也・

〔十六〕學貴有恒（用蹊成路）這章書是孟子責備高子不肯用心。

孟子謂高子曰：「山徑之蹊間，介然用之而成路。為間不用，則茅塞之矣。今茅塞子之心矣。」

朱注謂『徑』是小路；『蹊』是人行處；『介然』是倏然之頃；『用』，由也；『路』大路也；『為間』少頃也。朱子之意山上小路人所行處倏然之間有人走牠便成為一條大路；少頃沒有人走了，便又有茅草生長塞住了。按禮記月令『孟冬塞徯徑』鄭玄注『徯徑，鳥獸之道也。』『徯』淮南子及呂氏春秋作『蹊』。周易鄭玄注亦云『徑路為山間鹿兔之蹊。』則『山徑之蹊間』謂山中獸蹄所經非人行之處也。漢書歷律志云『介然有常』。『介然用之而成路』者言人專由此路，常常走牠，則獸之所經可以成行人之路也。方言云『用，行也。』用之即行之，言走此處也；不用即不行，言不走此路也。此以山徑之蹊間，常走則成路，不走則茅塞，喻為學一不可中斷，若一暴十寒則亦茅塞其心矣。『為間』之間去聲。

施・去聲・古人視不下於

〔十七〕守約施博 這章書是孟子說遊說的人先要自己沒有勢利心。

孟子曰：「言近而指遠者，善言也。守約而施博者，善帶・則帶之上・乃目前常見至近之處也・舉目前之近事・而至理存焉・所以爲言近而指遠也・此所謂守約而施博也・舍・音捨・此言不守約・而務博施之病・

道也。君子之言也，不下帶而道存焉。君子之守，修其身而天下平。人病舍其田而芸人之田，所求於人者重，而所以自任者輕。」

言近指遠者，所說的話雖極淺近，而所含的義指，極其遠大，這是極好極有用的話，故曰『善言』。『守約而施博』者言對於事事物物所守的是最簡約的原則，而其應用卻處處可通，這是最好最有用的道理，故曰『善道』。『帶』，帶腰帶古人視不下帶謂只視帶之上注意目前常見之事物而已。『君子之言也，不下帶而道存焉』者是說君子所說的話都是常見之近事而大道卻存乎其間即上文所謂『言近指遠』之善言也。『君子之守，修其身而天下平』者言君子所守之道，以修身爲本而治國平天下皆在乎此，即上文所謂『守約施博』之善道也。病，患也。『舍』同『捨』；『芸』同『耘』。言人之所患在捨己之田而耘人之田在所求於他人者重而所以自引爲責任者輕此即不知自修其身者也。

〔十八〕 說大人則藐之 （吾何畏彼哉）

這章書是孟子說遊說的人先要自己沒有勢利心。

說・音稅・藐・音眇・趙氏曰・大人・當時尊貴者也・藐・輕之也・巍巍・富

孟子曰：「說大人，則藐之，勿視其巍巍然。堂高數仞，榱題數尺，我得志弗爲也。食前方丈，侍妾數百人，我貴高顯之貌・藐焉而不畏之・則志意舒展・言語得盡也・榱・楚危反・般・音盤・樂・音洛・乘・去聲・榱・椽也・題・頭也・食前方丈・饌食列於前者方一丈也・此皆其所謂巍巍然者・我雖得志・有所不爲・而所守者・皆古聖賢之法・則彼之巍巍然者・何足道哉・楊氏曰・孟子此章・以己之長・方人之短・猶有此等氣象者・孔子則無此矣・

得志弗爲也。般*樂*飲酒，驅騁田獵，後車千乘*，我得志弗爲也。在彼者，皆我所不爲也；在我者，皆古之制也。吾何畏彼哉！』——藐，音妙。榱，音衰。般，音盤。樂，音洛。乘，去聲。

『說』音稅。大人，指有權勢富貴之人。藐之者，看輕他也。巍巍者，權大勢大之貌。言去說有權勢富貴的人，要存一個看輕他的心，勿要注意他的巍巍然的勢派也。八尺爲一仞。榱者，簷下椽子也。題者，頭也。幾丈高的堂簷下數尺長的椽子頭，是大人所住的華屋，我就是得志了，也不屑這樣講究的。『食前方丈』者，言吃食的案桌，排列碗碟甚多，佔有一方丈的地方也。『侍妾數百人』，言侍奉的姬妾之多。般，音盤。『般樂飲酒』者，任性的狂歡喝酒也。『驅騁田獵』者，騎着馬奔來奔去打獵也。『後車千乘』者，言隨從的僕役衆多也。我就是得志了，也不屑這樣縱樂的。所以在他的種種，都是我所不爲；在我的種種，都是合於古先聖王的法度的。這樣兩方面一比較，則我何必怕他呢！所以能『藐之』也。一般人和所謂大人說話，先存一怕懼他的心理，豔羨他的心理，於是諂媚奉承無所不至；而所謂大人者，因此更看人不起了。故必如孟子所言，方能不失自己的身分。以此章與韓非說難一比，真有天淵之別了。

〔十九〕養心莫善於寡慾

這章書是孟子教人養心的要義。

欲如口鼻耳目四肢之欲・雖人之所不能無・然多而不節・未有不失其本心者・學者所當深戒也・

程子曰・所欲不必沈溺・只有所向便是欲・

孟子曰：「養心莫善於寡欲。其爲人也寡欲，雖有不存焉者，寡矣；其爲人也多欲，雖有存焉者，寡矣。」

『欲』通『慾』。嗜慾也。要把養心，最好是減少嗜慾。『存』『不存』指『心』。前篇云『操則存，舍則亡』，『亡』即『不存』也。心放，故不存。嗜慾多，則心爲外物所誘，放而不存。嗜慾寡，則外物不能誘之，故心存而不放也。

〔二十〕狂獧與鄉原（君子反經）　這章書是題孟子說聖道只在一個中字，失中就離了道，所以人都要守中道。

盍・何不也・狂簡・謂志大而略於事・進取・謂求望高遠・不忘其初・謂不能改其舊也・此語與論語小異・

獧・音絹・不得中道・至有所不爲・據論語亦孔子之言・然則孔子字下・當有曰字・論語道作行・獧作

萬章問曰：「孔子在陳曰：『盍歸乎來！吾黨之士狂簡，進取，不忘其初。』孔子在陳，何思魯之狂士？」孟子曰：「孔子『不得中道而與之，必也狂獧乎！狂者進取，獧者有所不爲也。』孔子豈不欲中道哉？不可必得，故思其次也。」

朱注云：『盍，何不也。狂簡，謂志大而略於事。進取，謂求望高遠。不忘其初，謂不能改其舊也。』趙注云：『不忘其初，孔子思故舊也。』按此事亦見論語公冶長篇所記孔子之言，與此略異。「孔子在陳而思其鄉黨及門之士，即是不忘故舊。儀禮覲禮注云：『初猶故也。』是『初』字有故舊之義。『盍歸乎來！…進取，』為孔子之言『不忘其初』則述孔子之言者之辭。趙說較朱為長。下『孔子在陳』二句則為萬章問孟子之言，孟子答語亦見論語子路篇『中道』作『中行』，『獧』作『狷』，義並同。國語晉語『小心狷介。』韋昭注云：『狷者守分有所不為也。』蓋狂者過，狷者不及，中道則中庸也。

「敢問何如斯可謂狂矣？」曰：「如琴張、曾皙、牧皮者，孔子之所謂狂矣。」「何以謂之狂也？」曰：「其志嘐*嘐然。」（何以是嘐嘐也？）「言不顧行，行不顧言，則曰：『古之人，古之人。』夷考其行而不掩焉者也。狂者又不可得，欲得不屑不潔之士而與之，是獧也；是又其次也。孔子曰：『過我門而不入我室，我不憾焉者，其惟鄉原*乎！鄉原，德之賊也。』」

『敢問何如斯可謂狂矣？』萬章問；『曰』字以下孟子答。琴張，趙氏以為即顓孫師字子張者。朱

狷：有所不為者：知恥自好，不為不善之人也。孔子豈不欲中道以下：孟子言也。

琴張：名牢，字子張。子桑戶死，琴張臨其喪而歌，事見莊子。雖未必盡然，要必有近似者。曾皙：見前篇。季武子死，曾皙倚其門而歌，事見檀弓。又言志異乎三子者之撰，事見論語。牧皮：未詳。

萬章問。嘐：火交反。行：去聲。嘐嘐：志大言大也。重言古之人：見其動

輒稱之・不一稱而已也・夷・平也・掩・覆也・言平考其行・而不能覆其言也・程子曰・曾晳言志・而夫子與之・蓋與聖人之志同・便是堯舜氣象也・特行有不掩焉耳・此所謂狂也・此因上文所引・遂解所以思得獧者之意・狂・有志者也・獧・有守者也・有志者能進於道・有守者不失其身・屑・潔也・鄉原・非有識者・原與愿同・荀子原慤字・皆讀作愿・謂謹愿之人也・故鄉里所謂愿人・謂之鄉原・孔子以其似德而非德・故以爲德之賊・過門不入而不恨之・以其不見親就爲幸・深惡而痛絕之也・萬章又引孔子之言而問也・行・去聲・踽・其禹反・閹・音奄・踽踽・獨行不進之貌・涼涼・薄也・不見親厚於人也・鄉原譏狂者曰・何用如此嘐子以爲卽琴牢字子張。（卽論語子罕牢曰：『子云：「吾不試，故藝」』之『牢』。見論語注）按莊子大宗師言子琴張與子桑戶孟子反友，子桑戶死，二人編曲鼓琴相和而歌。檀弓亦記季武子死，曾晳倚其門而歌。論語先進記曾晳言志，與子路、冉有、公西華異。牧皮未詳。『何以謂之狂也？』萬章又問。『曰：「其志嘐嘐然。」』孟子又答。『嘐』音火交反。嘐嘐，志大言大也。此句下，舊經接『曰古之人，古之人……』兪樾謂有錯簡。下節『何以是嘐嘐也……則曰古之人古之人』二十二字，當在此處『其志嘐嘐然』句之下。此處『曰古之人古之人』七字，乃脫爛之未盡者。『何以是嘐嘐也？』萬章又問也。『言不顧行……』以下，孟子又答也。見古書疑義舉例。今從兪說校正。蓋狂者志大言大，言不顧行，行不顧言，『曰古之人古之人』，好評論古人也。但平時考察其行，不能掩覆其言者也。行不能掩其言，故曰『言不顧行，行不顧言；』其言夸大，故謂之『嘐嘐』也。不屑爲汙濁不潔之行者，卽是獧。孟子之意，以中道爲第一，狂次之，獧又次之。至於鄉愿，則孔子以爲德之賊，雖過門不入，亦不憾也。『原』同『愿』。『鄉原德之賊也』孔子語，見論語陽貨篇

曰：「何如斯可謂之鄉原矣？」曰：（何以是嘐嘐也？言不顧行，行不顧言。則曰：『古之人！古之人！』）*「行何爲踽踽涼涼？生斯世也，爲斯世也，善斯可矣。」閹然媚

嘐然・行不掩其言・而徒每事必稱古人耶・又譏狷者曰・何必如此踽踽涼涼・無所親厚哉・人既生於此世・則但當爲此世之人・使當世之人・皆以爲善則可矣・此鄉原之志也・閹・如奄人之奄・閉藏之意也・媚・求悅於人也・孟子言此・深自閉藏・以求親媚於世・是鄉原之行也・

原亦謹厚之稱・而孔子以爲德之賊・故萬章疑之・

呂侍講曰・言此等之人・欲非之則無可舉・欲刺之則無可刺也・流俗者・風俗頹靡如水之下流・衆莫不然也・汙・濁也・非忠信而似忠信

於世也者，是鄉原也。』

『曰：何如斯可謂之鄉原矣？』萬章又問也。『何以是嘐嘐也……古之人』二十二字，錯簡，已依俞樾說，移在上節『其志嘐嘐然』句之下，此處當刪。『曰行何爲踽踽涼涼……』以下，孟子又答也。『行』去聲。『踽』其禹反。朱注云：『踽踽，獨行不進之貌。涼涼，薄也，不見親厚於人也。』按傳唐風杕杜『獨行踽踽』毛傳云：『踽踽，無所親也。』說文云：『踽，疏也。』無所親，故疏。涼訓爲薄，亦見說文。薄者厚之反，亦疏而不親之意。踽踽涼涼，卽落落寡合也。『行何爲踽踽涼涼……善可斯矣』四句，孟子述鄉原之言。謂吾人之行，生於此世，卽爲此世之人；世俗以爲善則可矣。何爲落落與世寡合乎？鄉原之主張如此，故閹然媚世也。爾雅釋天李巡注云：『閹，蔽也。』閹然，是遮遮掩掩的意思。

萬章曰：『一鄉皆稱原人焉，無所往而不爲原人。孔子以爲德之賊，何哉？』曰：『非之無舉也，刺之無刺也。同乎流俗，合乎汙世。居之似忠信，行之似廉潔。衆皆悅之，自以爲是，而不可與入堯舜之道。故曰：「德之賊」也。』孔子曰：『惡似而非者：惡莠，恐其亂苗也。惡佞，恐其亂義也。惡利口，恐其亂信也。惡鄭聲，恐其亂樂也。惡紫，恐其亂朱也。惡鄉原，恐其亂德也」君子反經而已矣。經正則庶民興；庶民興，斯無邪慝矣」

『原』同『愿』。『原人』猶現在所說的忠厚人。萬章以爲如鄉原者，一鄉的人都稱他是忠厚人，不論到什麼地方，沒有不說他是忠厚人的，獨孔子以爲他是『德之賊』是何意義呢？『曰』字以下是孟子的答辭。鄉原是僞道學的一流人，遮遮掩掩地欺衆媚世，故說他不是，則沒有可舉的事跡；譏刺他也沒有可譏刺的地方也。流俗者，隨風而靡之俗習；汙世者，汙濁的世界。『居之似忠信』者，實不是忠信而自處似乎忠信；『行之似廉潔』者，實不廉潔而行誼似乎廉潔，因此一般人都喜歡他，他也自以爲是，其實是不可以入堯舜之道的，所以孔子說是德之賊也。孟子解釋了鄉原爲德之賊以後，又引孔子的話以證之。惡，去聲，厭恨也。孔子所最厭恨的爲『似是而實非』者；莠與苗，佞與義，利口與信，鄭聲與雅樂，紫與朱，鄉原與德，皆似是而非，易相混亂者也。經，常也，真實的可常行的常道叫做『經』。『反經』者，回復到做人的常道也。中道，合乎經者也；狂與狷，雖不合乎經，而可以反乎經者也。反乎經，則經正矣。慝，隱惡也。經正，則庶民皆聞風興起，可以無邪慝，雖有鄉原，自不能媚世惑衆也。

・非廉潔而似廉潔・惡・去聲・莠・音有・孟子又引孔子之言以明之・莠・似苗之草也・佞・才智之稱・其言似義而非義也・利口・多言而不實者也・鄭聲・淫樂也・樂・正樂也・紫・間色・朱・正色也・鄉原・不狂不狷・人皆以爲善・有似乎中道・而實非也・故恐其亂德・反・復也・經・常也・萬世不易之常道也・興・興起於善也・邪慝・如鄉原之屬是也・世衰道微・大經不正・故人人得爲異說・以濟其私・而邪慝並起・不可勝正・君子於此・亦復其常道而已・常道既復・則民興於善・而是非明白・無所回互・雖有邪慝・不足以惑之矣・尹氏曰・君子取夫狂狷者・蓋以狂者志大・而可與進道・狷者有所不爲・而可與有爲也・所惡於鄉原・而欲痛絕之者・爲其似是而非惑人之深也・絕之之術無他焉・亦曰反經而已矣・

這章書是孟子歷叙自古聖人相傳的道統，結束全書。

〔二十一〕 以紹述聖統爲己任

孟子曰：『由堯舜至於湯五百有餘歲。若禹皐陶則見而知之。若湯則聞而知之。由湯至於文王五百有餘歲。若伊尹萊朱則見而知之。若文王則聞而知之。由文王至於孔子五百有餘歲。若太公望散宜生則見而知之。若孔子則聞而知之。由孔子而來至於今，百有餘歲，去聖人之世若此其未遠也。近聖人之居，若此其甚也。然而無有乎爾則亦無有乎爾。』

趙氏曰・五百歲而聖人出・大道之常・然亦有遲速・不能正五百年・故言有餘也・尹氏曰・知・謂知其道也・趙氏曰・萊朱・湯賢臣・或曰・卽仲虺也・爲湯左相・散・素亶反・散氏・宜生名・文王賢臣也・子貢曰文武之道・未墜於地・在人・賢者・識其大者・不賢者・識其小者・莫不有文武之道焉・夫子焉不學・此所謂聞而知之也・・林氏曰・孟子言孔子至今時

此章所舉人名，前多見過。只萊朱、散宜生二人未見。趙注萊朱爲湯賢臣，一云就是仲虺。按仲虺史記殷本紀作中𤰞。『𤰞』讀若『壘』，焦氏以爲與『萊』字爲一音之轉。散宜生爲文王賢臣。『今』孟子之時。從孔子至孟子時僅百餘歲，則去聖人之世爲未遠也。鄒魯隣國，則去聖人之居又如此其近也。然堯舜湯文皆以聖人而在天子之位，其道行於天下，爲人所共覩，故禹皐陶伊尹萊朱太公望未遠・鄒魯相去又近・然而已無有見而知之者矣・則五百餘歲之後・又豈復有聞而知之者乎・愚按此言・雖若不敢自謂已得其傳・而憂後世遂失其傳・然乃所以自見・其有不得辭者・而又以見夫天理民彝・不可泯滅・百世之下・必將有神會而心得之者耳・故於篇終・歷序羣聖之統・而終之以此・所以明其傳之有在・而又以俟後聖於無窮也・其旨深哉・

有宋元豐八年・河南程顥伯淳卒・潞公文彥博・題其墓曰・明道先生・而其弟頤正叔序之曰・周公歿・聖人之道不行・孟軻死・聖人之學不傳・道不行・百世無善治・學不傳・千載無真儒・無善治・士猶得以明夫善治之道・以淑諸人・以傳諸後・無真儒・則天下貿貿焉莫知所之・人欲肆而天理滅矣・先生生乎千四百年之後・得不傳之學於遺經・以興起斯文為己任・辨異端・闢邪說・使聖人之道・煥然復明於世・蓋自孟子之後・一人而已・然學者於道不知所向・則孰知斯人之為功・不知所至・則孰知斯名之稱情也哉・

散宜生得見而知之。若孔子,則有德無位,其道不行。即顏淵曾子等高弟,亦僅能聞其講述,不能見其實施。及孔子歿而微言絕,七十子喪而大義乖;至孟子之時,楊墨盛行,異端邪說風行一時,孔子之道衰而不著。不但無見而知之者,且亦將無聞而知之者矣。『然而無有乎爾』謂無見而知之者也。『則亦無有乎爾』謂恐聞而知之者亦將無有也。孟子蓋歎孔子之不得行其道,不能見之行事而徒託之空言;已之生也,幸而去聖人之世未遠,雖聖人之居又近,雖未得為孔子之徒,尚得私淑諸人與乎聞知之列,而道終不行,則此聞而知之者,仍不得施之天下,見之行事也。朱注云云,謂孟子以道統之傳自任,復引程頤之言以確指所謂『道統』之傳,惟程顥能上接孟子。此後學者遂謂此章為道統之說之所由起。此則宋儒之言,非孟子之本旨矣。

〔問題〕(一)何謂『萬物皆備於我?』『反身而誠?』『強恕而行?』
(二)『仁言』與『仁聲』『善政』與『善教,』有何不同?
(三)何謂『良知』『良能?』
(四)何為『君子三樂?』
(五)何謂『尚志?』
(六)何謂君子五教?

（七）孟子貴民輕君，其說如何？
（八）何謂「狂」、「獧」、「鄉原」？
（九）孟子末章，其旨如何？

大學提要

大學原是小戴禮記中的一篇。是說古人研究學問的次第的由近及遠。由小而大。是一篇極有條理極有價值的文章。朱熹特意把他抽出來。列爲四子書之一。意思就是人人所必讀的。朱子認原書不免有錯簡和脫簡。便把他移補了一下。所以和現在的十三經注疏本很有些不同了。

至於他的分類。朱子以爲「經」一章。「傳」十章。「經」是曾子述孔子之意的。「傳」是曾子的弟子述曾子之意的。其實大學的作者還不能十分確定。總之是儒家極重要的一篇文章。使政治哲學與人生哲學打成一片。開創了世界特有的學術思想。而且議論極精闢。極透達。卽就文章而論。也是極有價值的。現在孫文學說。也多以此爲根據。其影響之大。就不難窺見一斑了。大學一篇。把他畫分起來

(甲)三個綱要 就是「明明德」(光明的德性)「親民」(朱子以爲當作新民。使民絛去舊染之汙。日新不已的振作起來)「止於至善」(就是以至善爲最高目標)這三個綱領是大學全篇的主宰。

(乙)八個條目 就是「格物」「致知」「誠意」「正心」「修身」「齊家」「治國」「平天下」將這八個條目先後關聯一一加以說明。

總之都是關於一個人立身行事以至於治國平天下不能缺少的條件。爲人人所應該知道應該具備的。

現在將本書更簡括的舉出三個特點來。

(一)大儒朱熹集註 把他列在書眉。極便參閱。

(二)白話廣解 難字纚句。皆加以解釋。說理更明白曉暢。極易閱讀。

(三)問題 末附問題若干則。研讀之後。逐一加以考詢。極有進益。

大學

目次

大學之道（經一章）……一
明德 新民 止善 知本（傳之前四章）……七
君子必誠其意（傳之第六章）……一二
修身在正其心（傳之第七章）……一四
齊家在修其身（傳之第八章）……一五
治國在齊其家（傳之第九章）……一六
平天下在治其國（傳之第十章）……一九

朱熹章句

子程子曰・大學・・孔氏之遺書・・而初學入德之門也・於今可見古人爲學次第者・獨賴此篇之存・・而論孟次之・・學者必由是而學焉・則庶乎其不差矣・

大學新解

大學本小戴禮記中之一篇，宋以前並不單行。宋仁宗天聖八年，以大學賜新第進士王拱辰等。程頤嘗云：「大學孔氏之遺書而初學入德之門也。於今可見古人爲學次第者，獨賴此篇之存，而論孟次之。」朱子作大學章句，以與中庸論語孟子並列爲「四書」。是本篇之自小戴禮記中抽出，特加提倡，起於宋朝。朱註說：「大舊音泰，今讀如字。」按唐陸德明經典釋文也說：「大，舊音泰；劉音直帶反。」舊音指漢儒鄭玄等音讀；劉氏名宗昌，著有禮記音一書。朱子是從劉宗昌的首讀的。朱子認爲本篇中有脫簡錯簡，作章句時有所移補，故四書中之大學與十三經注疏本小戴禮記中之大學篇不同。朱子又分之爲「經」一章，「傳」十章，以爲「經」爲孔子之意而曾子述之，「傳」則曾子之意而門人記之。按鄭玄禮記目錄，僅言子思作中庸而不及大學之作者。虞松刻石經於魏，表引漢賈逵的話：「孔伋窮居於宋，懼家學之不明，作大學以經之，中庸以緯之。」這是說大學也是子思所作了。至朱子方斷定出於曾子。所以清代的漢學家多不信他。但子思是曾子的弟子，安知朱子所說曾子門人記大學之傳者，不就是子思呢？這一篇可以說是儒家最有系統的一篇文章，以「明明德」爲「新民」之本，以誠、正、修、齊爲治平之基，把道德論和政治論打成一篇，熔人生哲學和政治哲學於一爐，以發揮其「德治」的主張，組織至爲完密。孫中山先生論道德論政治也有許多論據本於此篇（詳見戴季陶孫文主義之哲學的基礎）故雖是二千餘年以前的作品，在現代仍有研究的價值的。

大學

大學之道

程子曰・親・當作新・・大學者・大人之學也・明・明之也・明德者・人之所得乎天・而虛靈不昧・以具衆理而應萬事者也・但爲氣稟所拘・人欲所蔽・則有時而昏・然其本體之明・則有未嘗息者・故學者當因其所發而遂明之・以復其初也・新者・革其舊之謂也・言既自明其明德・又當推以及人・使之亦有以去其舊染之污也・止者・必至於是而不遷之意・至善・則

大學之道，在明明德，在親民，在止於至善。

朱子註：『大學者，大人之學也。』朱子所謂『大人，』就是孟子說的『大人者不失其赤子之心者也』的『大人。』孟子嘗說樂正子是善人，是信人，又解釋道：『可欲之謂善，有諸己之謂信，充實之謂美，充實而有光輝之謂大。』道德修養完滿，故能充實而有光輝。『大學之道，』就是養成此種充實而有光輝的理想的人格之修養方法。朱子大學章句序首句說：『大學之書，古之大學所以教人之法也。』是以『大學』為古代所辦的大學，似與註中所說『大人之學，』自相矛盾。其實古代小學所教，只是書、數、及灑掃、應對、進退之節；俊秀子弟升入大學以後，方教以窮理正心修己治人之道，使能養成充實光輝的理想的人格。朱子的兩種說法，並不是相反的。

『明德，』是光明的德性，是人人生來具有的，是備具衆理、足以應付萬事的。有時，這種光明的德性的人欲所蔽，便昏昧不明了。這和太陽隱於烏雲，鏡子蒙着灰塵一般，看似昏暗，本體的光明，却並未消失；烏雲吹散了，灰塵拭淨了，仍可以恢復它本來的光明。上一個『明』字是動詞。『明明德，』是要把人欲除去，使本有的明德格外光明起來。這是修養方法的第一步。

『親民』的『親』字，王守仁仍作親字解。他以為本篇下文『君子賢其賢而親其親，小人樂其樂而利其利，』『如保赤子，』『民之所好好之，民之所惡惡之，此之謂民之父母，』皆是『親』字事理當然之極也。言明明德新民，皆當止於至善之地而不遷。蓋必其有以盡夫天理之極，而無一毫人欲之私也。此三者，大學之綱領也。

意；尚書堯典『克明峻德就』是『明明德，』『以親九族』至『平章百姓，協和萬邦』便是『親民。』（詳見陽明先生傳習錄。）這樣講法原也可通。朱子說，『親當爲新，』是根據程頤的話；因爲下文所引湯之盤銘，康誥，詩經的句子，都以『新』字爲主。尚書金縢篇成王說『惟朕小子其新逆。』成王這句話是說要親自迎接周公。『親逆』寫作『新逆，』正和『新民』寫作『親民』一樣。這是程朱讀『親』爲『新』的一個有力的旁證。新是去舊維新的意思，『新民』是使人人能去其舊染之污，『日日新，又日新』地振作起來。由『明明德』而『新民』便是論語孔子所說的『己欲立而立人，己欲達而達人，』中庸所說的『成己』『成物，』孟子所說的『先知覺後知，先覺覺後覺。』由此可知大人之學，不但要能自明其明德，以獨善其身，還要能使人人自新，以兼善天下哩！

『至善，』就是『最善』的意思。『止至善』就是以『至善』爲最後的目的，定要做到，不半途而廢的意思。無論是修己的『明明德，』化民的『新民』都要達到這『至善』的地步；下文的『爲人君止於仁，爲人臣止於敬，爲人子止於孝，爲人父止於慈，與國人交止於信，』也是說要『止於至善』而已。

以上所說『明明德，』『新民，』『止於至善，』是大學的三大綱領。

知止而后有定，定而后能靜，靜而后能安，安而后能慮，慮而后能得。

后，同後。『知止』就是知道所當止的最善的境界。一個人如果能夠曉得最善的境界；以之爲理

后，與後同，後放此。止者，所當止之地，即至善之所在也。知之則志有定向。靜，謂心不妄動。安，謂

想的目的，才有一定的意志；意志一定，心就能靜，不會妄動了；心不妄動，不論到什麼地方，都能感到安穩；到處安穩，思慮自然週到；思慮處處能週到，做人才能達到理想的目的，最善的境界，而得其所止了。

物有本末，事有終始；知所先後，則近道矣。

萬物各有本末，譬如一株樹，根株爲本，枝葉爲末。萬事各有終始，始就是開端，終就是結局。『本』和『始』是所『先』，『末』和『終』是所後。就上文所說言之，則『明明德』是『本』，『新民』是『末』，『知止』是『始』，『能得』是『終』。就下節所說言之，則『平天下』是『末』，是『終』，是『所後』，『格物致知』是『本』，是『始』，是『所先』，能曉然於事物之終根本末，而知所先後，則循序漸進，不至錯亂凌躐，故曰『近道。』

古之欲明明德於天下者，先治其國；欲治其國者，先齊其家；欲齊其家者，先脩其身；欲脩其身者，先正其心；欲正其心者，先誠其意；欲誠其意者，先致其知。致知在格物。

中庸說『譬如行遠必自邇；譬如登高必自卑。』這是儒家的根本主張。本節就是推說這箇道理的。『明明德於天下』就是『平天下。』平天下必須先把自己的國家治好，如自己的國還不能治，怎能

所處而安・慮・謂處事精詳・得・謂得其所止・

明德爲本・新民爲末・知止爲始・能得爲終・本始所先・末終所後・此結上文兩節之意・

治平聲・後放此・明明德於天下者・使天下之人皆有以明其明德也・心者・身之所主也・誠・實也・意者・心之所發也・實其心之所發・欲其必自慊而無自欺也・致・推極也・知・猶識也・推極吾之知識・欲其

所知無不盡也。格，至也。物，猶事也。窮至事物之理，欲其極處無不到也。此八者，大學之條目也。

治，去聲。後放此。物格者，物理

使天下的人都悅服呢？但要治理一國，又必須先把自己的家整理好；要整理一家叫家裏的人都看自己的樣子，聽自己的命令，必須使自己的行爲，可做人家的模範，所以說：『欲治其國者，先齊其家；欲齊其家者，先脩其身。』大凡一個人以心爲主宰，要脩身必須使心無邪念，要心無邪念，必須使心意誠實。所以說：『欲脩其身者，先正其心；欲正其心者，先誠其意。』但人怎麼才能誠意呢？第一要知道事物的緩急先後，要知道事物的緩急先後，就須『先致其知』。所以說：『欲誠其意者，先致其知。』『致』是推而極之之意，至於怎樣才能『致知』呢？他說：『致知在格物。』『格物』二字卻有許多的解釋了。

朱註說：『格，至也。物，猶事也。窮至事物之理，欲其極處無不到也。』又說：『物格者，物理之極處無不到也。』所以格物是要窮盡事物之理，無不知曉之意。王守仁早年讀了這幾句，就對着一株竹，細細地格起來，後來竟格不出所以然，而至於生病了。他於是恍然大悟，以爲『格物』之『格』當解作孟子『格君心之非』的『格』。故說：『物者事也，凡意之所發，必有其事，意所在之事謂之物，格者正也，正其不正以歸於正之謂也。』又說：『致知云者，致吾心之良知焉耳。』（詳見大學問）王氏認爲吾心本有良知，不假外求，故以朱子『即物窮理』之說爲務外遺內，博而寡要，但其他就以此相號召，流弊所至，致學者束書不觀，以爲只要憑吾心之知，即可應付萬事，反不如朱子『即物窮理』之說較爲切實。清陳澧說：『格物但當訓爲至事；至事者，猶言親歷其事也。天下之大，古今之遠，不能親歷，讀書即無異親歷也。故格物者，兼讀書閱歷言之也；致知者，猶言增長見識也。』（見東塾讀書記）陳氏所說，淺近切實，可爲朱註發明。

物格而后知至，知至而后意誠，意誠而后心正，心正之極處無不到也・知至者，吾心之所知無不盡也・知既盡・則意可得而實矣・意既實・則心可得而正矣・脩身以上・明明德之事也・齊家以下・新民之事也・物格知至・則知所止矣・意誠以下・則皆得所止之序也・壹是・一切也・正心以上・皆所以脩身也・齊家以下・則舉此而錯之耳・・本・謂身也・所厚・謂家也・・此兩節・結上文兩節之意

而后身脩，身脩而后家齊，家齊而后國治，國治而后天下平。

這段是將上文的意思，反覆鄭重說明。「物格」是事物都閱歷到；「知至」是知識已推完盡；由此而意以誠，心以正，身以修，家以齊，國以治，天下以平，身修以上，是「明明德」；齊家以下，是「新民」。「物格」「知至」則知所「止」，意誠以下，是得所「止」；所「止」者，誠正修齊治平，卽「至善」之域。

自天子以至於庶人，壹是皆以脩身爲本。其本亂而末治者否矣。其所厚者薄，而其所薄者厚，未之有也。

庶人就是小百姓。「壹是」同「一切」。正心誠意致知格物無非是爲的脩身；脩身齊家治國平天下，其根本還在修身所以說「自天子以至於庶人壹是皆以脩身爲本。」

「本」指修身；「末」指齊家治國平天下。身既不修而要想家齊國治天下平，這是一定做不到的。所以說：「其本亂而末治者否矣。」一個人在社會裏勢不能無親疏厚薄；所厚者無過於「身」；而家次之，國與天下又次之。對於最厚的身尙不能修，怎能澤及天下呢？所以說：「其所厚者薄，而其所薄者厚，未之有也。」

上面一大段朱子以爲是「經」，是「孔子之言而曾子述之。」以後十段，朱子以爲是「傳」，是「曾子之意而門人記之。」此段爲本篇總論，先述大學之道有「明明德」「親民」「止至善」三綱領；

次述「格物」、「致知」、「誠意」、「正心」、「修身」、「齊家」、「治國」、「平天下」八條目。以下再分段述之。

〔問題〕

（一）大學本爲何書中之一篇？何時始單行？何人定爲四書之一？

（二）何謂「大學」？

（三）何爲大學三綱領，八條目？

（四）何謂「明明德」？何謂「親民」？

（五）何謂「格物致知」？

康誥・周書・克・能也・大讀作泰・諟古是字・大甲・商書・顧・謂常目在之也・諟・猶此也・或曰審也・天之明命・卽天之所以與我・而我之所以爲德者也・常目在之・則無時不明矣・峻書作俊・帝典・堯典・虞書・峻・大也・結所引書・皆言自明己德之意・盤・沐浴之盤也・銘・名其器以自警之辭也・苟・誠也・湯以人之洗濯其心以去惡・如沐浴其身以去垢・故銘

明德，新民，止善，知本

康誥曰：「克明德。」大甲曰：「顧諟天之明命。」帝典曰：「克明峻德。」皆自明也。

康誥是尙書中的篇名，周公封康叔作。「克」字作能夠解；「克明德」就是能夠明明德。太同泰。大甲也是尙書中的篇名大甲商王湯之孫，旣立無道伊尹放之於桐，後大甲悔過復歸於亳，作太甲「諟」同是，作「此」字解。「顧」是顧到的意思，就是要顧到天命我的明德的命令。帝典就是堯典也是尙書中的篇名。峻作大字解。堯典作「俊」以上所引尙書三語，都是說自明其明德，故曰「皆自明也。」

上面一段，朱子以爲卽是傳之首章，釋「明明德」。

湯之盤銘曰：「苟日新，日日新，又日新。」康誥曰：「作新民。」詩曰：「周雖舊邦，其命維新。」是故君子無所不用其極。

湯就是成湯，爲商朝的開國聖王。盤就是盥洗的盆。成湯於盥洗的盆上，刻着「苟日新」等三句話。苟作誠字解。新，除去舊染之污的意思。說人誠能日去其舊染之污，又當「日日新」「又日新」

其盤・言誠能一日・有以滌其舊染之污而自新・則當因其已新者・而日日新之・又日新之・不可略有間斷也・鼓之舞之之謂作・言振起其自新之民也・詩・大雅文王之篇・言周國雖舊・至於文王・能新其德以及於民・而始受天命也・自新新民・皆欲止於至善也・

詩・商頌玄鳥之篇・邦畿・王者之都也・止・居也・言物各有所當止之處也・緡詩作綿・詩・小雅・緡蠻之篇・緡蠻・鳥聲・丘隅・岑蔚之處・子曰以下・孔子說詩之辭・

始終不間斷地養成新習慣新生活，新道德。『作』即振作興起之意。自己固要做成一個新的人，同時并要鼓勵他人也做一個新的人。『周雖舊邦其命維新』是詩經大雅文王篇裏贊美文王的句子。周從立國到文王時已數百年，所以稱為『舊邦』。文王時更新百度使人民個個自新這就是文王所以受天命王天下的緣故。所以說『其命維新』。「是故君子無所不用其極』是作大學的人，總結本節的話說君子於自新新民皆欲止於至善無不盡心極力地做去。

上面一段朱子以為是傳之二章，釋『新民』

詩云：『邦畿千里，惟民所止。』詩云：『緡蠻黃鳥，止于丘隅。』子曰：『於止知其所止，可以人而不如鳥乎！』

『邦畿千里』二句見商頌玄鳥篇。古時天子之國稱邦畿，地方有一千里之大，為人民所聚集居止之處，所以說『惟民所止』。『緡蠻黃鳥止于丘隅』二句見小雅緜蠻篇。緡音民，緡蠻鳥叫的聲音。黃鳥是一種小鳥，丘隅山的一角。說緡蠻緡蠻地叫着的黃鳥棲止在山的一角裏。孔子對這兩句詩經歎美道：『像這種小鳥尚且曉得可棲止的地方去棲止，可以人而不如鳥嗎？』一句。

詩云：『穆穆文王，於緝熙敬止。』為人君止於仁；為人臣止於敬；為人子止於孝；為人父止於慈；與國人言人當知所當止之處也・於緝之於音烏・、詩・文王之篇・穆穆・深遠之意・於・歎美辭・緝・繼續也・熙・光明也・敬止・言其無不敬而安所止也・引此而言聖人之止・無非至善・五者乃其目之大者也・學者於此・究其精微之蘊・而又推類以盡其餘・則於天下之事・皆有以知其所止而無疑矣

澳於六反・菉詩作綠・猗叶韻音阿・僩下版反・喧詩作咺・諠詩作諼・並況晚反・恂鄭氏讀作峻・

詩・衞風淇澳之篇・淇・水名・澳・隈也・猗猗・美盛貌・興也・斐・文貌・切以刀鋸・琢以椎鑿・皆裁物使

交，止於信。

『穆穆文王』二句，見大雅文王篇『穆穆，』深遠的意思。『於，』音烏，歎辭。『緝，』作繼續解。『熙，』作光明解。詩人贊美文王能繼續明其明德，敬其所止，必於至善，毫不苟且。作大學的人因再說明做人應該做到那樣才算止於至善。所以說『爲人君的應做到仁愛萬民；爲人臣的應做到敬事君上；爲人子的應做到孝順父母；爲人父的應做到慈愛子女；與國人交往，應做到言而有信。』

按以上四段（『康誥曰克明德』以下至『與國人交止於信』）禮記本在『此以沒世不忘也』之後。朱子認爲是錯簡，故移於此。

詩云：『瞻彼淇*澳*，菉*竹猗*猗！有斐君子，如切如磋，如琢如磨，瑟兮僩*兮，赫兮喧*兮，有斐君子，終不可諠*兮。』如切如磋者，道學也。如琢如磨者，自脩也。瑟兮僩*兮者，恂慄也。赫兮喧*兮者，威儀也。有斐君子，終不可諠*兮者，道盛德至善，民之不能忘也。

此節所引詩經見衞風淇澳篇。瞻，就是望。淇，水名。澳，音鬱，水邊的地方。毛詩作『奧』。菉，通綠。猗，音依。猗猗，茂盛的樣子。意思是說望那淇水旁邊綠色的竹，竟這樣的茂盛啊！斐，文質彬彬的樣子。意思

成形質也・磋以鑢鐋・磨以沙石・皆治物使其滑澤也・治骨角者・既切而復磋之・治玉石者・既琢而復磨之・皆言其治之有緒・而益致其精也・瑟・嚴密之貌・僩・武毅之貌・赫喧・宣著盛大之貌・諠・忘也・道・言也・學・謂講習討論之事・自脩者・省察克治之功・恂慄・戰懼也・威・可畏也・儀・可象也・引詩而釋之・以明明明德者之止於至善・道學自脩・引其所以得之之由・恂慄威儀・言其德容表裏之盛・卒乃指其實而歎美之也・於戲音嗚・呼・樂音洛・詩・周頌烈文之篇・於戲・歎辭・前王・謂文武也・君子・謂其後賢後王・小人・

是說君子道德茂盛，如淇澳的菉竹一般。切是剖開，琢是雕刻，磋磨是磨牠光來。這是以治玉石骨角比喻君子之修養，循序而進，精益求精。瑟，嚴密的樣子。僩，讀若限，武毅的樣子。赫喧，煊赫盛大的樣子。說君子的儀容嚴密而武毅，又煊赫而盛大。諠音萱，作忘記解。說這樣的君子，是使人終身不能忘記的。『如切如磋者道學也』以下，是作者的申說。『道學』『自修』，說君子的脩治工夫。恂慄，因恐懼而發抖，是戰戰兢兢，不敢疏忽委靡的意思。及其道德脩治已成，他煊赫盛大，望之儼然的儀容，必能使人肅然起敬。這樣文質彬彬的君子，道德已極盛大，人民是終身不會忘記的。『如切如磋者道學也』以下一段，亦見爾雅釋訓篇。本爲古代解釋詩經之文，作者引之。

詩云：『於戲！前王不忘。』君子賢其賢而親其親，小人樂其樂而利其利，此以沒世不忘也。

『於戲前王不忘』句，見周頌烈文篇。於戲同嗚呼。朱子說『前王』指文武，『君子』是『後賢後王』。『小人』指後世的人民。樂音洛。後世蒙前王之澤，被前王之化，故君子則賢其所賢，親其所親；小人則樂其所樂，利其所利，所以前王雖然歿世，人終不能忘記他的。

上面四段，朱子以爲是傳之三章，釋『止於至善』。

按以上二段（『詩云瞻彼淇澳』以下至『此以沒世不忘也』）禮記本在『故君子必誠其意』之下，朱子認爲是錯簡，故移於此。

子曰：『聽訟，吾猶人也，必也使無訟乎！』無情者，不謂後民也•此言前王所以新民者•止於至善•能使天下後世•無一物不得其所•所以既沒世而人思慕之•愈久而不忘也•此兩節•詠歎淫泆•其味深長•當熟玩之•猶人•不異於人也•情•實也•引夫子之言•而言聖人能使無實之人•不敢盡其虛誕之辭，蓋我之明德既明•自然有以畏服民之心志•故訟不待聽而自無也•觀於此言•可以知本末之先後矣•程子曰•衍文也•

得盡其辭；大畏民志。此謂知本。

聽訟，聽訴訟者的言語，就是現在審判官的審訊訟事。『使無訟』是以德化人，使他們自己向善，不致涉訟。上兩句是論語顏淵篇記孔子的話。作大學的人，『無情者，不得盡其辭』是說人都感化向善，即使偶然有人涉訟，也不敢把不實不盡的言辭來瀆陳。『民志』是社會中多數人的意志所表現的『社會的制裁』。能以道之以德，齊之以禮，則雖有惡人，亦天大畏懼社會的制裁，不敢以虛辭誣控他人了。這就叫做『知本』。

上面一段，朱子以為是傳之四章，釋『本末』。

按此段，禮記本在『止於信』之下，『所謂修身在正其心者』之上。朱子認為是錯簡，故移此。

惡好上字皆去聲・謙讀爲慊・苦劫反・誠其意者・自脩之首也・毋者・禁止之辭・自欺云者・知爲善以去惡・而心之所發・有未實也・謙・快也・足也・獨者・人所不知・而已所獨知之地也・言欲自脩者・知爲善以去其惡・則當實用其力・而禁止其自欺・使其惡惡則如惡惡臭・好善則如好好色・皆務決去而求必得之・以自快足於已・不可徒苟且以徇外而爲人也・然其實與不實・蓋有他人所不及知而已獨知之者・故必謹之於此・以審其幾焉・

閒音閑・厭鄭氏讀爲黶・閒居・獨處也・厭然・消沮閉藏之貌・此言小人陰爲不善・而陽欲揜之・則是非不知善之當爲・

君子必誠其意

所謂誠其意者，毋自欺也。如惡惡臭，如好好色，此之謂自謙；故君子必愼其獨也。

上『惡』字，上『好』字，字都讀去聲。『謙』讀爲『慊』，『慊』苦刦反，是愜意的意思，卽孟子『行有不慊於心』之慊。『惡惡臭好好色』發於心之自然，非有所矯飾，故以爲誠意之喻。誠意的第一要着在『毋自欺』，故君子必愼其獨。

小人閒居爲不善，無所不至；見君子而后厭然，揜其不善，而著其善。人之視己，如見其肺肝然，則何益矣？此謂誠於中，形於外。故君子必愼其獨也。

『閒居』就是獨居的意思。小人閒居，沒事的時候，甚麼壞事都會做出來。厭然，遮遮掩掩的樣子。『揜』與『掩』通。小人雖爲不善，但一見君子，他就覺得自己的行爲不好，遮遮掩掩地把不善的地方遮掩起來，好的地方顯露起來。可是在別人看來，好像看見他的肺肝一般，早已明白，這樣遮掩與惡之當去也·但不能實用其力以至此耳·然欲揜其惡而卒不可揜·欲詐爲善而卒不可詐·則亦何益之有哉·此君子所以重以爲戒·而必謹其獨也·

引此以明上文之意·言雖幽獨之中·而其善惡之不可揜如此·可畏之甚也·

胖步丹反·胖·安舒也·言富則能潤屋矣·德則能潤身矣·故心無愧怍·則廣大寬平·而體常

舒泰·德之潤身者然也·蓋善之實於中而形於外者如此·故又言此以結之·

又有甚麼好處呢？這就叫做『誠於中，必形於外，』故君子必愼其獨

曾子曰：『十目所視，十手所指，其嚴乎！』

這是引曾子的話，伸明上述『如見其肺肝然』的意義。十目十手，極言看着他，指着他的人之多；這是多麼的嚴厲呢！

富潤屋；德潤身；心廣體胖。故君子必誠其意。

『富潤屋』是說有錢的人，裝修住屋；這是比喻。『德潤身』就是孟子所說的『粹然現於面，盎於背，施於四體。』胖，音盤。叩『盤』之假借字。盤，樂也，安舒也。能誠其意，則心無愧怍，而廣大寬平，體亦因之安樂舒泰了。

上面四段，朱子以爲是傳之六章，釋『誠意』

按這四段，（『所謂誠其意者』以下『至故君子必誠其意。』）禮記本在『詩云瞻彼淇澳……』之上。朱子把以下諸段移在前面，故此下即接『所謂脩身在正其心者』一段。

修身在正其心

所謂脩身在正其心者：身有所忿懥，則不得其正；有所恐懼，則不得其正；有所好樂，則不得其正；有所憂患，則不得其正。心不在焉，視而不見，聽而不聞，食而不知其味。此謂修身在正其心。

程子曰·身有之身當作心·忿弗粉反·懥敕值反·好樂並去聲·

忿懥·怒也·蓋是四者·皆心之用·而人所不能無者·然一有之而不能察·則欲動情勝·而其用之所行·或不能不失其正矣·

心有不存·則無以檢其身·是以君子必察乎此·而敬以直之·然後此心常存而身無不脩也·

朱子引程頤說，『身有』之身當作『心』。懥，音致。忿懥，恨恨發怒的意思。好，去聲。樂音義效切，亦去聲。好樂，就是愛好喜歡的意思。這是說凡人有所忿懥、恐懼、好樂、憂患，則其心爲情感所動，往往不得其正。若心不專注，另想別事，就是開着眼睛看，側着耳朵聽，張着口吃，也不看見，不聽到，不知道它的滋味了。所以說脩身，在正其心。心正，則不知爲情感所蔽了。

上一段，朱子以爲是傳之七章，釋『正心脩身。』

辟讀爲僻・惡而之惡敖好並去聲・鮮上聲・人・謂衆人・之・猶於也・辟・猶偏也・五者・在人本有當然之則・然常人之情・惟其所向而不加察焉・則必陷於一偏・而身不脩矣・諺音彥・碩叶韻時若反・諺・俗語也・溺愛者不明・貪得者無厭・是則偏之爲害・而家之所以不齊也・

所謂齊其家在修其身者，人之其所親愛而辟焉，之其所賤惡而辟焉，之其所畏敬而辟焉。之其所哀矜而辟焉，之其所敖惰而辟焉。故好而知其惡，惡而知其美者天下鮮矣，故諺有之曰：『人莫知其子之惡，莫知其苗之碩。』此謂身不脩，不可以齊其家。

朱註：『之猶於也。』古書上『之』字作『於』字用的很多。例如呂氏春秋應言篇：『則莫宜之此昪矣。』『之』字也用作『於』字。辟同僻，是偏的意思。『親愛，』指自己所親愛的人。『賤惡』指自己所看不起或厭惡的人。惡去聲。『畏敬，』指自己所害怕和所敬重的人。『哀矜』指自己所哀憐的人。敖同傲。『敖惰，』指自己所驕傲和怠慢的人。對這四種人，情感既然不同，便不免有一種偏見了。『好而』之『好，』『惡而』之『惡，』『惡』皆去聲。鮮，上聲，少也。愛好這人而能知道他的劣點，厭惡這人而能知道他的優點的，是天下少有的。諺，就是俗語。人對於自己的兒子，總是不知他的惡處；自己所種的苗，總以爲還不茂盛。溺愛者不明，貪得者無厭，就因爲情感上存着偏見的緣故。治家最忌的是這類偏見。有了偏見，則家人骨肉之間便永遠不得和洽。所以說：『身不脩，不可以齊其家。』

上面一段，朱子以爲是傳之八章，釋『脩身齊家。』

治國在齊其家

所謂治國，必先齊其家者：其家不可教，而能教人者無之。故君子不出家而成教於國。孝者，所以事君也。弟者，所以事長也。慈者，所以使衆也。康誥曰：『如保赤子。』心誠求之，雖不中，不遠矣。未有學養子而后嫁者也。

弟同悌。中去聲。此段是說治國當先從齊家做起。若自己家裏的人，尚不能教導，那裏還能教導別人呢？人能孝親，就可以事君；能敬兄，就可以事長上；能慈愛下輩，就可以使役民衆。孝、悌、慈，都是家庭裏的道德，故君子不出家外而可以成教於國。『如保赤子』是尚書康誥篇中的句子。嬰兒雖不能言，如保姆能誠誠實實的去推求他的意思，關心他的飢飽冷煖痛癢，雖然未必能夠事事猜中，但相差也不遠了。一般的女子並未先學養兒子的方法而後去嫁人，所以只要齊家得法，把孝悌慈等家庭道德推之於事君事長使衆，而又心誠求之，國自然也能治了。

一家仁，一國興仁。一家讓，一國興讓。一人貪戾，一國

弟去聲。長上聲。身脩則家可教矣。孝弟慈。所以脩身而教於家者也。然而國之所以事君事長使衆之道。不外乎此。此所以家齊於上。而教成於下也。

中去聲。此引書而釋之。又明立教之本。不假強爲。在識其端而推廣之耳。

僨音奮。一人。謂君也。機。發動所

由也。僨，覆敗也。此言教成於國之效。好，去聲。此又承上文一人定國而言。有善於己，然後可以責人之善。無惡於己，然後可以正人之惡。皆推己以及人，所謂恕也。不如是，則所令反其所好，而民不從矣。喻，曉也。通結上文。

作亂。其機如此。此謂一言僨事，一人定國。堯舜帥天下以仁，而民從之；桀紂帥天下以暴，而民從之。其所令，反其所好，而民不從。是故君子有諸己，而后求諸人；無諸己，而后非諸人。所藏乎身不恕，而能喻諸人者，未之有也。故治國在齊其家。

帥，同率。這段仍申說治國必先齊家的道理。倘若一家人能夠仁愛，則一國人的仁愛之心，也都引起來了。一家人能夠禮讓，則一國的人禮讓之心也都引起來了。倘若做領袖的人貪心狠戾，那末一國的人，也因而作亂了。天下一切的事情都是動機，這樣動機極微，影響很大。所以說一言可以敗事，一人可以定國。再以歷史證之：堯舜以仁愛領導天下，百姓也跟著他爲仁愛之事；桀紂以殘暴領導天下，百姓也跟著他做殘暴之事。上行下效，是一定的道理。若自己所行的是殘暴之事，而要想使百姓做仁愛的事，是必不肯聽從的。所以君子必定先使自己有了善行，而後方可求之他人；先使自己沒有惡行，而可以責之他人。如此說來，自己沒有推己及人的恕道，而想人家信從你的話，是一定不會有的。又總結說：『故治國，在齊其家。』

天，平聲。蓁音臻。詩・周南桃夭。

詩云：『桃之夭夭，其葉蓁蓁。之子于歸，宜其家人。』

之篇・夭夭・少好貌・蓁蓁・美盛貌・・興也・之子・猶言是子・此指女子之嫁者而言也・婦人謂嫁日歸・宜・猶善也・詩・小雅蓼蕭篇・詩・曹風鳲鳩篇・忒・差也・

此三引詩・皆以詠歎上文之事・而又結之如此・其味深長・最宜潛玩・

宜其家人而后可以教國人。詩云：『宜兄宜弟。』宜兄宜弟，而后可以教國人。詩云：『其儀不忒，正是四國。』其為父子兄弟足法，而后民法之也。此謂治國，在齊其家。

夭夭形容桃花的鮮豔。蓁蓁，形容桃葉的茂盛。『之子』就是『這個女子。』女子出嫁，叫做『于歸』。女子嫁了人要與夫家的人和睦。這四句詩見周南桃夭篇一家的人能和睦，才能推其道以教一國的人。『宜兄宜弟』一句，見小雅蓼蕭篇是說一個人與兄弟必須和睦，兄弟和睦才能推其道以教一國的人。『其儀不忒，正是四國』二句，見曹風鳲鳩篇『儀』是做人的法則，忒是差錯的意思：要自己做人的法則沒有差錯，然後方能匡正四方的國家。作者三引詩經的句子，又重言以申之道：正因為一家做父做子做兄做弟的都足以使人效法，百姓自然也效法他們了。這就是所謂『治國，在齊其家。』

上面三段，朱子以為是傳之九章，釋『齊家治國』。

平天下在治其國

所謂平天下在治其國者，上老老而民興孝，上長長而民興弟，上恤孤而民不倍，是以君子有絜矩之道也。

長上聲・弟去聲・倍與背同・絜胡結反・老老所謂老吾老也・興謂有所感發而興起也・孤者幼而無父之稱・絜度也・矩所以爲方也・言此三者上行下效捷於影響所謂家齊而國治也・亦可以見人心之所同而不可使有一夫之不獲矣・是以君子必當因其所同推以度物・使彼我之間各得分願・則上下四旁均齊方正・而天下平矣・

『老老，』上一個老字，作孝養解；下一個老字，作老人解。『長長，』皆去聲，上一個長字，作敬重解，下一個長字，作長輩解。說在上位的人，能夠孝養老人，則百姓自然看樣，大家都孝養他的父母了。在上位的人能夠敬重長輩，則百姓自然看樣，大家都敬重他的兄長了。在上位的人能夠體恤孤弱，則百姓也自然看樣，不忍背故舊，而棄孤兒了。倍同背，字本作背。背背死者，則不恤其孤了。絜音亦，作度字解，矩是作方的工具。荀子說：『五寸之矩，盡天下之方。』『絜矩之道，』就是推己度人之道。論語所說的『己所不欲，勿施於人，』是消極方面的推己度人之道，中庸所說的『所求乎子以事父，所求乎臣以事君，所求乎弟以事兄，所求乎朋友先施之，』則是己之所欲，施之於人，是積極方面的推己度人之道。就是本篇上文所說的『有諸己而後求諸人，無諸己而後非諸人，』也是推己度人之道。推己之心以度人，和執矩以度天下一切的方形一樣，所以叫做『絜矩之道。』

所惡於上，毋以使下；所惡於下，毋以事上；所惡於前，毋以先後；所惡於後，毋以從前；所惡於右，毋以交於

惡先後去聲・此覆解上文絜矩二字之義・如不欲上之無禮於我・則必以此度下之心

·而亦不敢以此無禮使之·不欲下之不忠於我·則必以此度上之心·而亦不敢以此不忠事之·至於前後左右·無不皆然·則身之所處·上下四旁·長短廣狹·彼此如一·而無不方矣·彼同有是心而興起爲者·又豈有一夫之不獲哉·所操者約·而所及者廣·此平天下之要道也，故章內之意·皆自此而推之·

樂音洛·只音紙·好惡並去聲·下並同·詩小雅南山有臺之篇·只語助辭·言能絜矩而以民心爲己心·則是愛民如子·而民愛之如父母矣·

節讀爲截·辟讀爲僻·僇與戮同·詩·小雅節南山之篇·節·截然高大貌·師尹·周大師尹氏也·具·俱也·辟·偏

左；所惡於左，毋以交於右：此之謂絜矩之道。

惡去聲，厭惡的意思。中庸說：『忠恕違道不遠，施諸己而不願，亦勿施於人。』論語子貢也說：『我不欲人之加諸我也，我亦欲無加諸人。』無論對於上下左右前後的人，都應當如此。這就是『絜矩之道』。照此看來，絜矩之道，就是『忠恕』。故曾子解釋孔子『吾道一以貫之』之言，說『夫子之道，忠恕而已矣。』（見論語）

詩云：「樂只君子，民之父母。」民之所好好之，民之所惡惡之，此之謂民之父母。

樂音洛。只音紙，語詞。所引二語見小雅南山有臺篇。好，惡皆去聲。快樂的君子，怎樣能做『民之父母』呢？就是民所喜歡的我從而喜歡之，民所厭惡的我從而厭惡之，在上的人能夠與民同好惡，共甘苦，就無愧爲民之父母了。

詩云：「節彼南山，維石巖巖。赫赫師尹，民具爾瞻。」有國者不可以不愼，辟則爲天下僇矣！

所引詩經見小雅節南山篇。節音截，高峻的樣子。師尹，周太師尹氏。赫赫，威嚴的樣子。瞻，是瞻仰之意。以高峻的南山巖石崚峋，比威嚴赫赫的師尹，正是百姓所同瞻仰的。辟同僻，偏也。僇同戮。言有國者爲民衆所瞻仰，故不可以不愼。如不能行絜矩之道，與民同好惡，而有所偏私，就要爲天下人所誅也·言在上者人所瞻仰·不可不慎·若不能絜矩·而好惡徇於一己之偏·則身弑國亡·爲天下之大戮矣·喪去聲·儀詩作宜·峻詩作駿·易去聲·詩·文王篇·師·衆也·配·對也·配上帝·言其爲天下君·而對乎上帝也·監·視也·峻·大也·不易·言難保也·道·言也·引詩而言此·以結上文兩節之意·有天下者·能存此心而不失·則所以絜矩而與民同欲者·自不能已矣·

先慎乎德·承上文不可不慎而言·德·卽所謂明德·有人·謂得衆·有土·謂得國·有國·則不患無財用矣·

本上文而言·人君以德爲外·以財爲內·則是爭鬭其民·而施之以劫奪之教也·蓋財者·人之所

戮了。

詩云：『殷之未喪師，克配上帝。儀監于殷，峻命不易。』道得衆，則得國；失衆，則失國。

所引詩經見大雅文王篇。喪，去聲，失也。師，衆也。說殷代帝王在未失民心以前，還能夠配上帝而爲天下之主。儀，作宜字解。監，作觀察解。峻，大也。易，去聲。說後來王天下者，當觀察殷紂喪亡的緣故，要知道受天的大命而爲天子，是不容易的。道，言也。此詩言得民衆之心則能得國，失民衆之心則失國。

是故君子先慎乎德。有德此有人，有人此有土，有土此有財，有財此有用。德者本也，財者末也。外本內末，爭民施奪。是故財聚則民散，財散則民聚。是故言悖而出者，亦悖而入；貨悖而入者，亦悖而出。

『先慎乎德』是說先要謹守自己的道德。『有人』指人民的歸附；『有土』指境土的拓展；『有財』『有用』指國家財用的充足。『德者本也，財者末也』說治國當以德爲本，以財爲末。『外』作疏遠輕視解；『內』作親近重視解。說人君如果以德爲輕而疏遠之，以財爲重而親近之，則百姓必然看樣起而爭奪。『爭民』是爭利於民；『施奪』是施刦奪之政於民。上行下效，君既爭利，必釀成孟子所說『上下交征利』的情形，故朱子以爲『爭鬥其民而施以刦奪之教』就是上文所說『

同欲·不能絜矩而欲專之·則民亦起而爭奪矣·外本內末·故財聚·爭民施奪·故民散·反是則有德而有人矣·悖，布內反·悖·逆也·此以言之出入·明貨之出入也·自先愼乎德以下至此·又因財貨以明能絜矩與不能者之得失也·道·言也·因上文引文王詩之意而申言之·其丁寧反覆之意·益深切矣·君子位而自盡爲忠·循物無違謂信·驕者矜高·泰者侈肆·此因上所引文王康誥之意而言·章內三言得失·而語益加切·蓋至此而天理存亡之幾決矣·个，古賀反·書作介·斷，丁亂反·媢，音冒·秦誓·周書·斷斷·誠一之貌·彥·美士

一人貪戾，一國作亂』的意思。推其原因，仍是在上者本末倒置重財輕德之故。所以人君如果把百姓的財，聚集在自己的庫內，則百姓勢必散而之四方；倘把庫內的財，散與百姓，則百姓必聚集攏來，爲國出力。悖，作逆字解。『言悖而出者，亦悖而入』，是寳；『貨悖而入者，亦悖而出』，是主貨，即是財。人君搜刮百姓的財貨，叫做『悖入』；百姓作亂把君主的財貨奪了去，叫做『悖出』。

康誥曰：『惟命不于常。』道善則得之，不善則失之矣。楚書曰：『楚國無以爲寳，惟善以爲寳。』舅犯曰：『亡人無以爲寳，仁親以爲寳。』

命，天命。天命不是常在那一姓的。康誥這句話，是說君主善，就能得天命；不善，就要失去天命。楚書，楚國的古書。牠說楚國沒有甚麼可寳貴，行善最爲寳貴。舅犯，晉文公重耳的母舅狐偃，字子犯。重耳因驪姬之亂，出亡在外，舅犯跟着他。這兩句話，是重耳之父獻公死了，秦穆公使人勸他圖謀復國時，舅犯教他答復使者的。見禮記檀弓篇。『亡人』就是出亡的人，重耳自稱之詞。

秦誓曰：『若有一个臣，斷斷兮無他技，其心休休焉，其如有容焉。人之有技，若己有之；人之彥聖，其心好之，不啻若自其口出；寔能容之。以能保我子孫黎民，

彥・聖・通明也。尚・庶幾也。媢・忌也。違・拂戾也。殆・危也。

尚亦有利哉！人之有技，媢疾以惡之；人之彥聖，而違之俾不通；寔不能容。以不能保我子孫黎民，亦曰殆哉！」

秦誓尚書中的篇名。秦穆公出師襲鄭，回師到了殺的地方，爲晉國所敗。穆公乃作此誓以告羣臣。『斷斷兮』誠實專一的樣子。『休休』寬容的樣子。『彥』美士有文。『不啻』就是不但。寔和實同。『黎民』就是衆民。『媢疾』就是妬嫉。『惡』去聲。『違』是離棄的意思。『殆』是危殆的意思。秦誓這段話是說倘若有一個臣誠實專一，似乎並無特長，而其胸襟寬大有容人之量，看他人的技能和他自己的技能一樣；見他人的彥才聖德便有愛好之心，他人的話簡直看作是他自己說的，實在是能容人。這樣的人必能保我的子孫黎民，且有利於國家。如其人見之有技能便以妬忌之心厭惡他；見人之才彥聖德便設法離棄他使不得通於君主，實在是不能容人。這樣的人必不能保我的子孫黎民國家便也危險了。

迸讀爲屏・古字通用・迸・猶逐也・

唯仁人放流之，迸諸四夷，不與同中國。此謂唯仁人，爲能愛人，能惡人。

言有此媢疾之人・妨賢而病國・則仁人必深惡而痛絕之・以其至公無私・故能得好惡之正如此也・

這一段是承上文說的。那種媢疾技能，壓抑彥聖的人，獨有仁人，才能把他放流出去，迸棄在夷狄的地方不與同居中國。這就是說只有仁人才能愛人，才能惡人。惡去聲。

命・鄭氏云・當作慢・程子云・當作怠・未詳孰是・違去聲・若此者・知所愛惡矣・而未能盡愛惡之道・蓋君子而未仁者也・菑古災字・夫音扶・拂・逆也・好善而惡惡・人之性也・至於拂人之性・則不仁之甚者也・自秦誓至此・又皆以申言好惡公私之極・以明上文所引南山有臺節南山之意・

君子・以位言之・道・謂居其位而脩己治人之術・發己自盡爲忠・循物無違謂信・驕者矜高・泰者侈肆・此因上所引文王康誥之意而言・章內三言得失

見賢而不能舉，舉而不能先，命也。見不善而不能退，退而不能遠，過也。好人之所惡，惡人之所好，是謂拂人之性，菑必逮夫身！

鄭玄禮記大學篇注說：『「命」，當爲「慢」，聲之誤也。舉賢而不能使君以先己，是輕慢於人也。』程子外書說：『「命」當作「怠」，字之誤也。』朱子對這二說也沒有決定。俞樾羣經平議說：『「先」蓋「近」字之誤。「見賢而不能舉，舉而不能近」與「見不善而不能退，退而不能遠」正相對成文。「近」古文作「岓［?］」，篆文作㞢［?］；「先」字篆文作兂［?］，兩形相似，因而致誤耳。』這段仍是承上文而言。見賢人而不能薦舉，或已薦舉而不能使人君親近他，還可以說是命運；如見不善而不能罷退，或即罷退而不能『迸諸四夷』，這卻是過失了。『好』『惡』皆去聲。『拂』就是違反。『菑』同災。『逮』就是及。『夫』音扶。至於好惡與人相反，媢疾才技彥聖的人，必有災禍及到他的身上的。

是故君子有大道，必忠信以得之，驕泰以失之。生財有大道：生之者衆，食之者寡，爲之者疾，用之者舒，則財恆足矣。

·而語益加切·蓋至此而天理存亡之幾決矣·

恆胡登反·呂氏曰·國無遊民·則生者衆矣·朝無幸位·則食者寡矣·不奪農時·則爲之疾矣·量入爲出·則用之舒矣·愚按此因有土有財而言·以明足國之道·在乎務本而節用·非必外本內末而後財可聚也·自此以至終篇·皆一意也·

發·猶起也·仁者散財以得民·不仁者亡身以殖貨·上好仁以愛其下·則下好義以忠其上·所以事必有終·而府庫之財·無悖出之患也·

畜許六反·乘斂並去聲·

孟獻子·魯之賢大夫仲孫蔑也·畜馬乘·士初試爲大夫者也·伐冰之家·卿大夫以上·喪祭用冰者也·百乘之家·有采地者也·

『大道，』就是重要的原則。君子治國平天下，必有他重要的原則，就是『忠信以得之，驕泰以失之。』生財也有他重要的原則，要使生產的人多，坐食的人少；做生產事業的做得快，消耗的用得慢；財便常常充足了。

仁者以財發身，不仁者以身發財。未有上好仁而下不好義者也；未有好義其事不終者也；未有府庫財，非其財者也。

仁者散財以聚民，可王天下，這叫做『以財發身。』不仁者搜刮民財，必致身遭禍殃，這叫做『以身發財。』在上者以仁心待臣民；在下的臣民，也必能以忠義事君上，臣民都能以忠義事君上，那末無論甚麼事體都不會不成功了。府庫裏的財貨也都是他的財貨了。

孟獻子曰：『畜馬乘，不察於雞豚；伐冰之家，不畜牛羊；百乘之家，不畜聚斂之臣。與其有聚斂之臣，寧有盜臣。』此謂國不以利爲利，以義爲利也。

孟獻子，魯國的大夫，仲孫氏名蔑。乘，去聲，四馬曰乘。古代士初試爲大夫，始得備車子，駕四馬。卿大夫之家喪祭始得用冰。伐作鑿字解，『伐冰之家』就是指卿大夫之家。『百乘之家』指卿大夫有

者也・君子寧亡己之財・而不忍傷民之力・故寧有盜臣・而不畜聚斂之臣・此謂以下・釋獻子之言也・

長上聲・彼爲善之・此句上下疑有闕文誤字・自・由也・言由小人導之也・此一節・深明以利爲利之害・而重言以結之・其丁寧之意切矣・

封邑的。『聚斂之臣,』指善於搜刮百姓的。『盜臣』指竊取公家財物的。孟獻子說:做大夫的,不當再細察養鷄養豬的小利;卿大夫之家,不當畜牛羊以圖利;有可以出車百乘的封地之家,不當再養那些搜刮民財的家臣。與其有損義的聚斂之臣,寧可有損財的盜臣。這是說國家,不以財貨爲利,而以『義』爲利。

長國家而務財用者,必自小人矣;彼爲善之。小人之使爲國家,菑害並至,雖有善者,亦無如之何矣。此謂國不以利爲利,以義爲利也。

『長』上聲。『長國家,』就是做一國的領袖。俞樾羣經平議說:『「必自小人」者,必用小人也。』詩緜篇及江漢篇毛傳鄭箋都說:『自,用也。』俞氏又說:『「彼」當以小人言。「彼爲善之」句,申說上文必用小人之故。言長國家而務財用所以必用小人者,以務財用之事,惟彼爲善之也。「善」與「能」同義。』『小人之使爲國家,』猶云『爲國家而惟小人是用,』則災害並至,雖尚有善人,也無法挽救了。這也是說國家不以財貨爲利,而以『義』爲利。

以上共十四段,朱子以爲是傳之十章,釋『治國平天下。』朱子又說:『凡傳十章,前四章,統論綱領指趣。後六章,細論條目工夫。其第五章乃明善之要,第六章,乃誠身之本,在初學尤爲當務之急,讀者不可以某近而忽之也。』

〔問題〕(一)朱子所補釋『格物致知』的一章,大意如何?
(二)誠意何以須從愼獨做起?

（三）心何以不正？
（四）齊家最忌的是什麼？
（五）能齊家的，何以便能治國？
（六）何謂『絜矩之道』？
（七）治國當以何爲本，以何爲末？
（八）生財之大道如何？
（九）何謂『以義爲利』？
（十）朱子大學章句所分的各章，其要旨如何？

中庸提要

中庸是小戴禮記中的一篇。後人因他爲儒家精義之所在。就特別提出。作爲單行本。宋朝朱熹又把他列爲四子書之一。這是極有見地的。相傳爲子思所作。子思是孔子的孫。曾子的弟子。可以說是儒家的嫡傳吧。後雖有人懷疑以爲非子思所作。但無論如何。終不失爲儒家談人生哲學的寶典。欲探得儒家的真髓的。就不可不讀中庸。但文字簡鍊比論孟要難讀。朱熹的集註。自然是最精純的。但要使人人都能讀。又必須加以白話的廣解。這是一篇前後貫串的文章。只能畫爲幾個段落。其大要如下。

(甲)論性的意義　性是中國和印度特有的名詞。而爲萬有的本體。要如何而能率性。又必先明性的意義。

(乙)論知道與行難　『道』之一字。是儒家所標舉的總綱。自然是難知難行的。但古人中非無知道行道的人。可爲後人取法。

(丙)論道與誠的關係　他以爲惟「誠」。然後能進於道。「誠」是進道之門。

(丁)論聖人之道　古聖人之知道行道者。處己接物以及治國平天下。都能彰其妙用。

其實這些。都是入世的方法。不是怎樣絕特的行爲。換句話說。中庸就是合於人類生活的正當行爲。而爲人人能夠做到。人人應該做到的。

現在將本書更簡括的舉出三個特點來。

(一)大儒朱熹的集註。排在書眉。極便參閱。

(二)白話廣解　深入顯出。極易誦讀。

(三)問題　書末附問題若干則。逐一研究。必有長足的進步。

中庸

目次

中庸體要（第一章）……一
哀公問政（第二十章）……四
仲尼之道（第三十、三十一、三十二章）……四

朱熹集註

子程子曰・不偏之謂中・不易之謂庸・中者・天下之正道・庸者・天下之定理・此篇乃孔門傳授心法・子思恐其久而差也・故筆之於書以授孟子・其書始言一理・中散爲萬事・末復合爲一理・放之則彌六合・卷之則退藏於密・其味無窮・皆實學也・善讀者玩索而有得焉・則終身用之・有不能盡者矣・

中庸新解

中庸本小戴禮記中之一篇。漢書藝文志六藝略有中庸說、隋書經籍志經部有梁武帝中庸講義則此篇之另出單行，當在大學之前。宋儒始特加提倡。程頤謂此篇乃孔門傳授心法，善讀者玩索有得，終身用之有不能盡者。朱子作中庸章句乃與大學論語孟子並列爲四書。按中庸爲子思所作，見於史記孔子世家及孔穎達禮記正義引鄭玄目錄。子思名伋，孔子之孫，曾子之弟子。漢書藝文志諸子略儒家有子思子。梁沈約謂小戴禮記中之中庸表記坊記緇衣皆取於子思子（見隋書音樂志引）。今子思子已亡，本篇是否取自此書，固不可考；但爲子思所作，則自來學者都無異辭。惟淸人崔述謂中庸必出孟子後；袁枚謂論孟言山均稱泰山，而中庸獨稱華嶽，疑出于西京儒生依託；獨對中庸作者發生疑問。篇名『中庸』者：鄭玄目錄說：『名曰中庸者，以其記中和之爲用也；庸，用也。』本篇『君子中庸』句鄭玄注又說：『庸，常也；用中爲常道也。』朱子中庸章句題下注說：『中者不偏不倚無過不及之名，庸平常也。』又引程頤說：『不偏之謂中，不易之謂庸；中者天下之正道，庸者天下之定理。』似乎鄭玄朱子，對於『庸』字，各有兩種解釋。其實，非常之理，決不可常常用祂；可以常用的，就是這看似平常的中道。『用也，』『平常也，』『常道也，』『不易之定理也，』這幾種訓解，本來是可以相通的。本篇爲儒家人生哲學的名著，論心性多精語，宋明理學家都奉爲先儒的心傳；而所謂『中庸之道，』實足以支配我國數千年來之民族思想；所以到現代仍有硏究的價值。

中庸

中庸體要

天命之謂性，率性之謂道，修道之謂教。道也者，不可須臾離也；可離非道也。是故君子戒慎乎其所不睹，恐懼乎其所不聞。莫見乎隱，莫顯乎微，故君子慎其獨也。

命，猶令也。性，即理也。天以陰陽五行化生萬物，氣以成形，而理亦賦焉，猶命令也。於是人物之生，因各得其所賦之理，以為健順五常之德，所謂性也。率，循也。道，猶路也。人物各循其性之自然，則其日用事物之間，莫不各有當行之路，是則所謂道也。修，品節之也。性道雖同，而氣稟或異，故不能無過不及之差，聖

天命是說由天所命；性，指人的本性。人的本性，由於天之所命。其所謂天，即是『自然』。性不是造作的，乃是自然生成的，所以說：『天命之謂性。』荀子正名篇說：『性者天之就也。』性惡篇說：『不可學不可事而在天者謂之性；可學而能可事而成之在人者謂之偽。』（『偽』是『人為』的意思）王充論衡初稟篇也說：『性生而然者也。』古代學者，對於性的善惡雖見解不同但以性為先天生成的一點，則無異議。『天命之謂性』也是這個意思。『率』是遵循的意思。孟子的性善說出於子思。本篇說『率性之為道』就是性善說的本意。性命自天，率性為道故董仲舒說：『道之大原出於天。』性是人性，道即人道。聖人以禮樂刑政之屬為教於天下，亦無非是率循人性，修明人道而已。這三句是一書的總綱，也就是程子所說的『始言一理』

人因人物之所當行者。而品節之以爲法於天下。則謂之教。若禮樂刑政之屬是也。蓋人知己之有性。而不知其出於天。知事之有道。而不知其由於性。知聖人之有教。而不知其因吾之所固有者裁之也。故子思於此。首發明之。而董子所謂道之大原出於天。亦此意也。

離去聲。道者。日用事物當行之理。皆性之德。而具於心。無物不有。無時不然。所以不可須臾離也。若其可離。則豈率性之謂哉。是以君子之心。常存敬畏。雖不見聞。亦不敢忽。所以存天理之本然。而不使離於須臾之頃也。

見音現。隱。暗處也。微。細事也。獨者。人所不知而己所獨知之地也。言幽暗之中。細微之事。跡雖未形。而幾則已動。人雖不知。而己獨知之。則是天下之事。無有著見明顯而過於此者。是以君子既常戒懼。而於此尤加謹焉。所以遏人欲於將萌。而不使其潛滋暗長於隱微之中。以至離道之遠也。

樂音洛。中節之中去聲。喜怒哀樂情也。其未發。則性也。無所偏倚。故謂之中。發皆中節。情之正也。無所乖戾。故謂之和。大本者

須臾就是『一息，』指極短的時間而言。既然是人道，便是一息不可離開的。倘若可離開，那就不是人道了。所以說：『道也者，不可須臾離也；可離，非道也。』

戒慎，就是警戒謹慎之意；恐懼，就是擔心之意。是說君子對於做人的道理，雖無人目睹，也要警戒着，謹慎着；無人耳聞，也要恐懼着，擔心着。暗得看不見的地方叫『隱，』細得看不見的物事叫『微。』暗得看不見的地方，卻是最現露的；細得看不見的物事，卻是最顯著的。這就是大學所說的『誠於中，必形於外，』『人之視己，如見其肺肝然，』看似隱微，實則不啻『十目所視，十手所指；』所以君子必須慎獨，雖獨居也不敢須臾離道。

喜怒哀樂之未發謂之中。發而皆中節，*謂之和中也者，天下之大本也。和也者，天下之達道也。致中和，天地位焉。萬物育焉。

『中節』之中去聲。喜怒哀樂是人人都有的情感。但當喜怒哀樂的情感未發動的時候，此心寂

然不動，故無過與不及的弊病，這就叫做『中』；如果情感發了出來，也能無過無不及恰中其節，這就叫做『和』。『中』是天下事事物物的大本，『和』則天下都可通行，所以說是『達道』。天地的運行萬物的化生長養，循著這『中和』二字的原則。人如能把中和之道推而極之，則可以與天道同功，所以說：『致中和天地位焉萬物育焉』。這是儒家天人合一的哲學；以現代語釋之，就是把『宇宙觀』和『人生觀』打成一片，以『宇宙論』爲人生哲學的基本。

上面兩段，朱子以爲是第一章。又說：『子思述所傳之意以立言，首明道之本原出於天而不可易，其實體備於己而不可離；（指「天命之謂性」至「可離非道也」）次言存養省察之要；（指戒懼愼獨數句）終言聖神功化之極。（指「天地位萬物育」數句）蓋欲學者於此，反求諸身而自得之，以去夫外誘之私，而充其本然之善，楊氏所謂「一篇之體要」是也。其下十章，蓋子思引夫子之言，以終此章之義。』

・天命之性・天下之理・皆由此出・道之體也・達道者・循性之謂・天下古今之所共由・道之用也・此言性情之德・以明道不可離之意・致・推而極之也・位者・安其所也・育者・遂其生也・自戒懼而約之・以至於至靜之中・無少偏倚・而其守不失・則極其中・而天地位矣・自謹獨而精之・以至於應物之處・無所差謬・而無適不然・則極其和・而萬物育焉・蓋天地萬物・本吾一體・吾之心正・則天地之心亦正矣・吾之氣順・則天地之氣亦順矣・故其效驗至於如此・此學問之極功・聖人之能事・初非有待於外・而修道之教・亦在其中矣・是其一體一用・雖有動靜之殊・然必其體立・而後用有以行・則其實亦非有兩事也・故於此合而言之・以結上文之意・

【問題】（一）中庸本何書之一篇？何人始定爲四書之一？

（二）中庸何人所作？見於何書？以『中庸』名篇，其意義如何？

（三）何謂『性』？何謂『道』？何謂『教』？

（四）君子何以須『愼獨』？

（五）何謂『中』？何謂『和』？

哀公・魯君名蔣・方・版也・策・簡也・息・猶滅也・有是君・有是臣・則有是政矣・夫音扶・敏・速也・蒲盧・沈括以爲蒲葦是也・以人立政・猶以地種樹・其成速矣・而蒲葦又易生之物・其成尤速也・言人存政舉・其易如此・

此承上文人道敏政而言也・爲政在人・家語作爲政在於得人・語意尤備・人・謂賢臣・身・指君身・道者・天下之達道・仁者・天理生物之心・而人得以生者・所謂元者善之長也・言人君爲政

哀公問政

哀公問政。子曰：『文武之政，布在方策。其人存，則其政舉。其人亡，則其政息。人道敏政，地道敏樹。夫政也者，蒲盧也。

哀公是魯國的國君，名蔣；方就是木版，策，就是竹簡編成的册子。古時用木版竹簡代紙。方策，即指書籍而言。這是說文王、武王所施行的政事都載在書籍上面。文王、武王存在的時候，一切政事都能舉行。文王、武王死了，他的政事也就息滅了。這是儒家主張『人治』的說法。敏是快的意思。夫音扶。蒲盧是一種容易生長的植物。人道莫敏於政治，地道莫敏於樹植。蒲盧更是容易生長的，故以爲政治易見成效之喻。

『故爲政在人，取人以身，修身以道，修道以仁。仁者人也；親親爲大。義者宜也；尊賢爲大。親親之殺，尊賢之等，禮所生也。

人存政舉，人亡政息，故曰『爲政在人。』應該怎樣的取人呢？先要看他的本身，能不能修。何以修

•在於得人•而取人之則•又在修身•能修其身•則有君有臣•而政無不舉矣•殺去聲•人指人身而言•具此生理•自然便有惻怛慈愛之意深體味之可見•宜者•分別事理•各有所宜也•禮•則節文斯二者而已•

爲政在人•取人以身•故不可以不修身•修身以道•修道以仁•故思修身•不可以不事親•欲盡親親之仁•必由尊賢之義•故又當知人•親親之殺•尊賢之等•皆天理也•故又當知天••

知去聲•達道者•天下古今所共由之路•卽書所謂五典•孟子所謂父子有親•君臣有義•夫婦有別•長幼有序•朋友有信是也•知•所以知此也•

身，曰道。何以修道，曰仁。孟子盡心篇說：『仁也者，人也。』禮記表記說：『仁者，人也。』『仁』從二人，爲人相偶之道，故古書多以『人』釋『仁』。這就是說仁是做人的根本原則。論語學而有子說：『孝弟也者，其爲仁之本與。』孟子盡心篇說：『仁之實，事親是也。』又說：『親親仁也。』儒家言仁由親及疏，故以『親親』爲本。法言重黎篇也說：『事得其宜之爲義。』以『宜』訓『義』，取其音義都近。親親是由於情感，尊賢是由於理智，故義以尊賢爲大。殺，音所界切。作等差解。先由最親的人，以推之於次親的人，再由次親的人，以推之於疏遠的人，一等一等的推去，叫做『親親之殺。』賢者也有等級；最賢者，最宜尊敬；依次推去，叫做『尊賢之等。』『親親之殺，尊賢之等，』是禮所由產生的。

「故君子不可以不修身；思修身，不可以不事親；思事親，不可以不知人；思知人，不可以不知天。」

這是承上文說的。君子要治國，便『不可以不脩身。』『脩身以道，脩道以仁，』而仁以『親親爲大，』故『思脩身，不可以不事親。』想以孝事親，必須知尊賢之義，庶幾取友必端，可以輔仁，故『不可以不知人。』人之性命自天，大道卽天理，知人須先知自然之理，故『不可以不知天。』

「天下之達道五，所以行之者三。曰：君臣也，父子也，夫婦也，昆弟也，朋友之交也，五者天下之達道也。知*，仁，勇三者天下之達德也。所以行之者一也。」

仁・所以體此也・勇・所以強此也・謂之達德者・天下古今所同得之理也・一・則誠而已矣・達道雖人所共由・然無是三德・則無以行之・達德雖人所同得・然一有不誠・則人欲間之・而德非其德矣・程子日・所謂誠者・止是誠實此三者・三者之外・更別無誠・強上聲・知之者之所知・行之者之所行・謂達道也・以其分而言・則所以知者知也・所以行者仁也・所以至於知之成功而一者勇也・以其等而言・則生知安行者知也・學知利行者仁也・困知勉行者勇也・蓋人性雖無不善・・而氣稟有不同者・故聞道有蚤莫・行道有難易・然能自強不息・則其至一也・呂氏日・

達道，就是人人共由之路。人與人的關係，無非是君臣，父子，夫婦，兄弟，朋友五種。（現在政體共和，似已無所謂君臣。其實，人民對於一國的領袖，一個機關中的職員對於主管者，仍有廣義的君臣關係。）達德，就是人人應有的德性。知，同智，智慧，仁愛，勇敢，是知情意三種心理作用修養到極處的名稱，是到處要用到最重要的德性。朱子說：『所以行之者一也』的『一』是『誠』。按何孟春訂注的孔子家語『一也』之下，有『一者誠也』句，正與朱子相合。王引之經義述聞說『一』是衍文。『所以行之者也，』正與上文『所以行之者三』相應，不當有『一』字；此因下文『所以行之者一也』句而衍。史記通津侯傳『智、仁、勇，此三者，天下之通德，所以行之者也。』漢書公孫弘傳：『仁、智、勇、三者，所以行之者也。』皆無『一』字。鄭玄禮記注於下文『所以行之者一也』句注：『一，謂當豫也。』於此句不釋『一』字，則鄭注本無『一』字可知。理由也很充分。

『或生而知之，或學而知之，或困而知之，及其知之一也。或安而行之，或利而行之，或勉強而行之，及其成功一也。』

上智的人，不待教訓學習，自然能知曉；次一等的，須教訓學習，纔能知曉；再次一等的，一時學不會，必須苦苦地學習，纔得知曉。所以就資質說，人可分爲三等。三等人雖有高下之別，但到既明曉之後，還是一樣的。至於就實踐說：有的人安然自得地做去，有的人以爲有利才去做，有的人是勉強着做的。這三等人，做時雖各不同，但到成功之後，還是一樣的。

所入之塗雖異，而所至之域則同。此所以為中庸。若乃企生知安行之資，為不可幾及，輕困知勉行，謂不能有成。此道之所以不明不行也。

子曰二字，衍文。好近乎知之知，並去聲。此言未及乎達德，而求所以入德之事。通上文三知為知，三行為仁，則此三近者，勇之次也。呂氏曰：愚者自是而不求，自私者，徇人欲而忘返，懦者，甘為人下而不辭。故好學非知，然足以破愚。力行非仁，然足以忘私。知恥非勇，然足以起懦。

子曰：『好學近乎知*，力行近乎仁，知恥近乎勇。』

『近乎知』的『知』同智。此節『子曰』二字，朱子以為是衍文。中庸或問說，孔子家語，『成功一也』之下，還有哀公的說話，所以其下又用『子曰』。今無哀公的問說，而尚有『子曰』二字，所以是衍文。按孔子家語是王肅所造的偽書。朱子據家語以議中庸，怕不妥當。翟灝四書考異說：『按漢書公孫弘傳此間有「故曰」二字；「子」字或是「故」字之誤。』孔子的意思是說好學雖非『知』，但能求知，即可以破愚，故『近乎知』。力行雖非仁，但能求仁，即足以忘私，故『近乎仁』。知恥雖非勇，但能知恥，即可以起懦，故『近乎勇。』

斯三者，指三近而言。人者，對己之稱。天下國家，則盡乎人矣。言此以結上文修身之意，起下文九經之端也。

『知斯三者，則知所以修身；知所以修身，則知所以治人；知所以治人，則知所以治天下國家矣。』

『斯三者』指好學，力行，知恥。修身無非是修養智，仁，勇三達德。所以說：『如斯三者，則知所以修身。』修身，齊家，治國，平天下，本是一貫的；所以說『知修身則知所以治人；知治人則知所以治天下國家矣。』

經，常也。體，謂設以身處

『凡為天下國家有九經，曰：修身也，尊賢也，親親也，其地・而察其心也・子如父母之愛其子也・柔遠人所謂無忘賓旅者也・此列九經之目也・呂氏日・天下國家之本在身・故修身為九經之本・然必親師取友・然後修身之道進・故尊賢次之・道之所進・莫先其家・故親親次之・由家以及朝廷・故敬大臣體羣臣次之・由朝廷以及其國・故子庶民來百工次之・由其國以及天下・故柔遠人懷諸侯次之・此九經之序也・視羣臣猶吾四體・視百姓猶吾子・此視臣視民之別也・

此言九經之效也・道立・謂道成於己・而可為民表・所謂皇建其有極是也・不惑・謂不疑於理・不眩・謂不迷於事・敬大臣・則信任專・而小臣不得以間之・故臨事而不眩也・來百工・則通工易事・農末相資・故財用足。柔遠人・則天下之旅・皆悅而願出於其

敬大臣也，體羣臣也，子庶民也，來百工也，柔遠人也，懷諸侯也。

『為』就是治理的意思。『九經』就是九項大綱。『體』就是體恤，朱子所謂『設身處地以察其心。』『子庶民』就是愛民如子。『來』就是孟子『勞之來之』之『來』，『來』字亦作『勑』，是勸勉的意思。（此王引之經義述聞說，與下文『所以勸百工也』正相應。）朱注說：『柔遠人，所謂「無忘賓旅」者也。』『遠人』指遠方之人；論語說的『近者悅，遠者來』，孟子說的『天下之旅皆悅而願出於其途』，就是『柔遠人』的效果。

『修身則道立，尊賢則不惑，親親則諸父昆弟不怨，敬大臣則不眩，體羣臣則士之報禮重，子庶民則百姓勸，來百工則財用足，柔遠人則四方歸之，懷諸侯則天下畏之。

上文說『脩身以道，』故『脩身則道立。』尊賢，則事理明，自然進道而不會惑亂了；敬大臣，則信任專，自然臨事而不昏眩了。體恤羣臣，則才能之士，皆思感恩圖報，而知所以尊敬君上了。愛民如子，

塗·故四方歸·懷諸侯則德之所施者博·而威之所制者廣矣·故曰天下畏之·

齊側皆反·去上聲·遠好惡斂並去聲·既許氣反·稟彼錦力錦二反·稱去聲·朝音潮·

此言九經之事也·官盛任使·謂官屬衆盛·足任使令也·蓋大臣不當親細事·故所以優之者如此·忠信重祿·謂待之誠而養之厚·蓋以身體之·而知其所賴乎上者如此也·既讀曰餼·餼稟·稍食也·稱事·如周禮稾人職曰·考其弓弩·以上下其食是也·往則為之授節以送之·來則豐其委積以迎之·朝·謂諸侯見於天子·聘·謂諸侯使大夫來獻·王制·比年一小聘·三年一大聘·五年一

百姓必為之感動，互相勸勉以事其上了。勸勉百工，使之製器造物，則生之者衆，為之者疾，財用自然充足了。柔遠人則四方之人自然都來歸附了。懷諸侯則天下各國都畏服來朝了。這都是說九經的效驗。

『齊*明盛服，非禮不動，所以修身也。去讒遠色，賤貨而貴德，所以勸賢也。尊其位，重其祿，同其好惡*，所以勸親親也。官盛任使，所以勸大臣也。忠信重祿，所以勸士也。時使薄斂，所以勸百姓也。日省月試，既稟稱事，所以勸百工也。送往迎來，嘉善而矜不能，所以柔遠人也。繼絕世，舉廢國，治亂持危，朝聘以時，厚往而薄來，所以懷諸侯也。凡為天下國家有九經，所以行之者一也。

上面說九經的效驗，這段說施行九經的方法。『齊』同齋，齋戒的意思。『明』是潔淨，盛服，大禮服。『讒』是專說人家壞話的讒人。『色』指女色。貨就是財貨。德就是道德。勸是獎勵的意思。『尊其位，重其祿』就是孟子所說『親之欲其貴，愛之欲其富』的意思。『好』『惡』皆去聲。古代同

朝·厚往薄來·謂燕賜厚而納貢薄·一者誠也·一有不誠·則是九者·皆爲虛文矣·此九經之實也·

姓貴族，爲一國重望所繫，故須『同其好惡。』『勸親親，』是以『親親』爲天下倡。『官盛任使』是說大臣當使屬員盛多聽其任使，這是勸勉大臣的方法。『忠信重祿，』是說勉士以忠信之行，又給以重祿，這是勸勉士人的道理。『時使』就是論語的『使民以時』使百姓服公役當在農事空閒的時候；『薄歛』就是減輕糧稅，廢除苛捐雜稅；這是勸勉百姓的方法。『省』是視察，『試』是考驗。『既』同『槩，』同『餼。』『既稟，』是公家發給的糧食。稱，去聲，是相當的意思。對於百工的工作，當日省月試，視其勤惰上下，爲所給既稟多少的標準；這是勸勉百工的方法。遠方的人過境，去的送他，來的迎他；有善行的嘉獎他，才能薄弱的矜恤他；這是懷柔遠人的道理。諸侯之國，有世系已絕的，使得繼續；國事已廢的，使得振與；他們國內若有亂事，當爲之治平；若有危險，當爲之扶持；朝天子以聘各國，當使之依一定的時期；至於幣帛，送來的不妨薄，送去的必須豐厚；這是懷諸侯的方法。以上所說，是治天下國家的九項大綱的辦法，所以『所以行之者』却只有個『誠』字。如其不誠，則雖有種種辦法，都變成虛文故事了。鄭玄注說：『一謂當豫也。』所當豫者，就是這個『誠。』（齊召南中庸注疏考證說。）鄭朱二家之意，仍是相通的。

跲·其刼反·行·去聲·凡事·指達道達德九經之屬·豫·素定也·跲·躓也·疚·病也·此承上文言凡事皆欲先立乎誠·如下文所推是也·

『凡事，豫則立，不豫則廢。言前定，則不跲；事前定，則不困；行前定，則不疚；道前定，則不窮。』

『豫，』就是準備的意思。凡百事體，都要先有準備，然後能做得成功。如果沒有豫備，必致廢敗而無所成。『跲，』音頰，朱注云：『躓也。』躓就是蹶倒的意思。俞樾羣經平議據張參五經文字說當作『佮，』就是老子『將欲翕之』的『翕』字，是閉塞的意思。譬如演說辯論，必須先把要說的話豫

此又以在下位者·推言素定之意·反諸身

不誠·謂反求諸身·而所存所發·未能真實而無妄也·不明乎善·謂未能察於人心天命之本然·而真知至善之所在也·

中並去聲·從七容反·

此承上文誠身

先備好，才不至於理由站不住，也不至格格不吐了。做事也是如此，把步驟豫先定好，方不會感到困難。『疚』就是論語『內省不疚』的疚，是慚愧悔恨的意思。一切行為也須豫先加以思考決定，才不會慚愧悔恨；這就是論語『行寡悔』的意思。推而至於做人之道也須豫先定妥，則不致於行不通。凡事有誠心去做，才能豫先準備；如果沒有誠心隨隨便便的做事就毫無豫備了。

『在下位，不獲乎上，民不可得而治矣。獲乎上有道，不信乎朋友，不獲乎上矣。信乎朋友有道，不順乎親，不信乎朋友矣。順乎親有道，反諸身不誠，不順乎親矣。誠身有道，不明乎善，不誠乎身矣。』

在下位的人，不能獲得上面的信任，則百事掣肘，不能治百姓了。要獲得上面的信任，必須對朋友先有信用；對朋友沒有信用，必不能獲得上面的信任的。要對朋友有信用，須先能孝順自己的雙親；如果雙親尚不能孝順，就不能使朋友相信了。孝順雙親，先要反省自己做人是不是誠實；不誠實，則對雙親也都出以虛偽，怎麼說得上孝順呢？要誠實，又必須心中真能明白善惡，對於善惡還不明白，如何能誠實呢？這一段說『明善誠身』為『治民』之本，和大學以『致知』『誠意』為『治平』之本是同一道理。

『誠者，天之道也。誠之者，人之道也。誠者，不勉而中*，不思而得，從容中道，聖人也。誠之者，擇善而固執之者也。

天道運行，真實無妄，至公無私，所以說：『誠者，天之道也。』人既受天命之性以生，自不能違背天道，而求所以『誠之』，所以說：『誠之者，人之道也。』從，七容反；『從容』，不勉強的意思。聖人自然合於天道，故不必勉強，自能合乎中和。『進而知之』，故不思而得；『安而行之』，故從容中道。至於常人，揀定好的行爲，堅執着做去了，所謂『擇善而固執之』，就是上文所說『擇乎中庸，得一善，則拳拳服膺，而弗失之』的意思。按朱注說：『中，並去聲。』似兩『中』字都作『合』字解。但答徐彥章書又說：『「不勉而中」之中，以未發言，恐未妥。此「中」字却是發而無過不及之「中」。』則兩『中』字當如本字讀平聲了。既非『生知』，故須『擇善』；不能『安行』，故須『固執』。

「博學之，審問之，慎思之，明辨之，篤行之。有弗學，學之弗能弗措也；有弗問，問之弗知弗措也；有弗思，思之弗得弗措也；有弗辨，辨之弗明弗措也；有弗行，行之弗篤弗措也。人一能之，己百之；人十能之，己千之。

而言・誠者・真實無妄之謂・天理之本然也・誠之者・未能真實無妄・而欲其真實無妄之謂・人事之當然也・聖人之德渾然天理・真實無妄・不待思勉・而從容中道・則亦天之道也・未至於聖・則不能無人欲之私・而其爲德・不能皆實・故未能不思而得・則必擇善・然後可以明善・未能不勉而中則必固執・然後可以誠身・此則所謂人之道也・不思而得生知也・不勉而中安行也・擇善學知以下之事・固執利行以下之事也・

此誠之之目也・學問思辨所以擇善而爲知・學而知也・篤行所以固執而爲仁・利而行也・程子曰・五者廢其一・非學也・君子之學・不爲則已・爲則必要其成・故

常百倍其功。此困而知，勉而行者也。勇之事也。明者，擇善之功。強者，固執之效。呂氏曰：君子所以學者，爲能變化氣質而已。德勝氣質，則愚者可進於明，柔者可進於強。不能勝之，則雖有志於學，亦愚不能明，柔不能立而已矣。蓋均善而無惡者，性也，人所同也。昏明強弱之稟不齊者，才也，人所異也。誠之者，所以反其同而變其異也。夫以不美之質，求變而美，非百倍其功，不足以致之。今以鹵莽滅裂之學，或作或輟，以變其不美之質，及不能變，則曰天質不美，非學所能變。是果於自棄，其爲不仁甚矣。

果能此道矣，雖愚必明，雖柔必強。』

這一段是承上文『擇善固執』而言。怎樣擇善固執以誠之呢？這要從學問思辨行爲上着力了。『措』是丢在一邊就此作罷的意思。除非不學；既學了，不到學識淵博決不肯便罷；除非不去問人；既問人，不到完全明白決不肯便罷；除非不去思想；既思想了，非到想出道理來，決不便罷；除非不去辨別；既辨別了，非到是非得失完全明白，決不便罷；除非不去做；既做了，非到切切實實的做出成績來，決不便罷。人家學了一遍就會了，我就學他一百遍；人家學十回就會了，我就學他一千回。一個人果然能夠這樣方法做，即使是個呆笨的人，也聰明起來了；是個柔弱的人，也剛強起來了。

上面十四段，朱子以爲是第二十章。

〔問題〕

（一）何謂『五達道，』『三達德？』

（二）就『知』『行』二方面說，人可以分爲幾等？

（三）何爲治天下國家的『九經？』其效果如何？方法如何？

（四）『明善，』『誠身，』何以是『治民』之本？

（五）何謂『誠者？』何謂『誠之者？』

（六）愚者欲明，柔者欲強，應當如何努力？

仲尼之道

仲尼祖述堯舜，憲章文武，上律天時，下襲水土；辟如天地之無不持載，無不覆幬，辟如四時之錯行，如日月之代明。萬物並育而不相害，道並行而不相悖，小德川流，大德敦化，此天地之所以為大也。

『祖述』是宗其道而傳述之。『憲章』是取法的意思。『律』也是法。『襲』就是因。『辟』同譬。『幬』也是覆蓋的意。『錯』『代』都是更迭的意思。『悖』是反背的意思。『川流』是如川之流。『敦』是篤厚。『化』是化育。這一段是子思贊孔子之道遠宗堯舜近法文武上法天時之順，下因水土之宜，其道之大，如天之無不覆，地之無不載。其至誠無息如四時之更迭而運行，日月之更迭而普照。萬物並育於其間而不相害，是說天地之大；諸子之道與之並行而不相悖，是說孔子之道之大。『小德川流』即指『並行不悖』之諸子之道，如川之流以海為歸，所謂諸子俱出於六藝，各得一察焉以自好，終殊塗而同歸。『大德敦化』指孔子之道，如天地之化育萬物，天地之所以為大在此；孔子之道之所以為大亦在此。

上面一段，朱子以為是第三十章。

祖述者・遠宗其道・憲章者・近守其法・律天時者・法其自然之運・襲水土者・因其一定之理・皆兼內外該本末而言也・辟音譬・幬徒報反・錯・猶迭也・此言聖人之德・悖・猶背也・天覆地載・萬物並育於其間而不相害・四時日月錯行・代明而不相悖・所以不害不悖者・小德之川流・所以並育並行者・大德之敦化・小德者・全體之分・大德者・萬殊之本・川流者・如川之流・脈絡分明而往不息也・敦化者・敦厚其化・根本盛大・而出無窮也・此言天地之道・以見上文取辟之意也・

知去聲・齊側皆反・別彼列反・聰明睿知・生知之質・臨・謂居上而臨下也・其下四者・乃仁義禮知之德・文・文章也・理・條理也・密・詳細也・察・明辨也・

唯天下至聖，爲能聰明睿知，足以有臨也。寬裕溫柔，足以有容也。發強剛毅，足以有執也。齊莊中正，足以有敬也。文理密察，足以有別也。

思想純正而靈敏，叫做『睿』。『知』同智。『發』是奮發的意思。『執』就是守。『齊』同齋。『齊莊』是敬肅莊重的意思。『文理』即條理。『密察』是詳細而明白。『聰明睿知』是『聖』，足以臨民。『寬裕溫柔』是『仁』，足以容物。『發強剛毅』是『義』，足以勵其守。『齊莊中正』是『禮』，足以致其敬。『文理密察』是『智』，足以辨別是非。唯天下至聖方能備此五德。

溥博・周徧而廣闊也・淵泉・靜深而有本也・出・發見也・言五者之德・充積於中・而以時發見於外也・見・音現・說・音悅・言其充積極其盛・而發見當其可也・

溥博淵泉，而時出之。溥博如天，淵泉如淵。見而民莫不敬，言而民莫不信，行而民莫不說。

見，去聲，同現。說，同悅。『溥博』是周徧而廣大的意思；『淵泉』是幽靜而深浚的意思；這是說聖人之德周徧，廣大，幽靜深浚，而又時時表現儀容於言行之間，其溥博則如天，其淵泉則如淵，其表現於儀容言行，人民莫不尊敬，莫不信服，莫不歡悅。

施去聲・隊音墜・舟車所至以下・蓋極言之・配天・言其德之所及・廣大如天也・

是以聲名洋溢乎中國，施及蠻貊；舟車所至，人力所通，天之所覆，地之所載，日月所照，霜露所隊，凡有血夫音扶・焉於虔反・經綸皆治絲之事・經者・理其緒而分之・綸者・比其類而合之也・經常也・大經者・五品之人倫・大本者・所性之全體也・惟聖人之德・極誠無妄・故於人倫・各盡其當然之實・而皆可以爲天下後世法・所謂經綸之也・其於所性之全體・無一毫人欲之僞以雜之・而天下之道・千變萬化・皆由此出・所謂立之也・其於天地之化育・則亦其極誠

氣者莫不尊親，故曰配天。

『施』同迤，旁及的意思。『隊』同墜。這段是綜結上兩段的聖人之德如此，所以他的聲名，充滿於中國，旁及南方之蠻北方之貊國外未開化諸民族。凡是船隻和車子所能到的，人的力量所能通的，天所覆的，地所載的，日月所照及的，霜露所下着的地方，凡有血氣的人，無不尊敬他親愛他的。所以說聖人之道之大，是可以和天相配的。

上面三段，朱子以爲是第三十一章。

唯天下至誠，爲能經綸天下之大經，立天下之大本，知天地之化育。夫焉有所倚？肫肫其仁，淵淵其淵，浩浩其天。苟不固聰明聖知達天德者，其孰能知之？

經綸本爲織絲的名詞，引伸作治理解。『大經』就是上文所說『凡爲天下國家有九經』的九項治平的大綱。『大本』就是上文所說『中也者天下之大本也』的『中』。『知化育』就是上文所說的『贊天地之化育』。『夫』音扶，『焉』平聲，作『何』字解。『焉有所倚』就是說何嘗倚着別的呢？『肫』音之純反。『肫肫』，誠懇之貌；『淵淵』，靜穆之貌；『浩浩』，廣大之貌。這三句是說天下至誠的聖人，態度誠懇，則粹然仁者氣象，靜穆則淵泉如淵，胸襟廣大則溥博如天。惟英雄能識英雄，惟聖人能知聖人；所以說如其不是本來聰明聖知通達天德的人，誰能知道他呢。

上面一段，朱子以爲是第三十二章。

無妄者。有默契焉。非但聞見之知而已。此皆至誠無妄自然之功用。夫豈有所倚著於物。而後能哉。肫之純反。肫肫。懇至貌。以經綸而言也。淵淵。靜深貌。以立本而言也。浩浩。廣大貌。以知化而言也。其淵其天。則非特如之而已。聖知之知去聲。固猶實也。鄭氏曰。唯聖人能知聖人也。

〔問題〕（一）孔子之道，怎樣的偉大？

（二）至聖的人，具有什麼五種德性？

（三）至聖的人，何以可以配天？

（四）聖人的態度，氣象，胸襟如何？

國家圖書館出版品預行編目資料

孟子：廣解四書. 2 / 朱熹集註；蔣伯潛廣解. -- 初版.
-- 新北市：華夏出版有限公司, 2024.09
面； 公分. --（傳世經典；024）
附：大學 中庸
ISBN 978-626-7393-82-6（平裝）
1.CST：孟子 2.CST：注釋

121.262 113007616

傳世經典 024
孟子：廣解四書之 2（附：大學 中庸）

集 註 朱熹
廣 解 蔣伯潛
出 版 華夏出版有限公司
220 新北市板橋區縣民大道 3 段 93 巷 30 弄 25 號 1 樓
電話：02-32343788 傳真：02-22234544
E-mail：pftwsdom@ms7.hinet.net
印 刷 百通科技股份有限公司
電話：02-86926066 傳真：02-86926016
總 經 銷 貿騰發賣股份有限公司
新北市 235 中和區立德街 136 號 6 樓
電話：02-82275988 傳真：02-82275989
網址：www.namode.com
版 次 2024 年 9 月初版一刷
特 價 新台幣 360 元（缺頁或破損的書，請寄回更換）

ISBN-13： 978-626-7393-82-6